POURQUOI LUI ? POURQUOI ELLE ?

www.editions-jclattes.fr

Monique Fradot – Danièle Chinès

POURQUOI LUI ?
POURQUOI ELLE ?

Nos couples nous guérissent

JC Lattès
17, rue Jacob 75006 Paris

Collection « Vivre, ça s'apprend »,
dirigée par Isabelle Filliozat.

Première édition mai 2005.

« Aujourd'hui, l'infection flambait, mais depuis quand étions-nous malades de nous-mêmes ?

Comme nous saurions les déjouer, cette fois, les pièges qu'essaierait de nous tendre l'habitude ! »

Pierre Charras, *Dix-neuf secondes*

Il est toujours temps…

« Ma vie de couple avec Sandrine, je ne peux pas mieux la comparer qu'à l'essuie-glace de la voiture : à gauche… à droite… lentement… rapide… en accéléré… Un coup ça va bien, un coup ça ne va plus. » Il parle très vite, hoche la tête d'un côté puis de l'autre et se tourne vers sa femme : « T'es d'accord ? Depuis Noël, c'est le pompon ! » Silence… Elle acquiesce à peine, qu'il est déjà en train de poursuivre à toute allure : « Cette crise-là, elle a été longue à venir. Faut dire que j'ai fait le dos rond presque tout le temps, pendant des mois. Et puis ça s'est quand même emballé. Et maintenant on s'engueule en permanence. »

Benoît nous regarde : « L'essuie-glace est déchaîné. On a beau se coller les yeux au pare-brise, on ne voit plus rien. Ni la route, ni la vie, quoi ! C'est pour ça qu'on est venu aujourd'hui. Mais ça n'a pas été sans mal ! »

Sandrine, qui prend enfin la parole, tapote le bras de son mari : « À qui la faute, dis donc ? »

Benoît hausse le ton : « Voilà, on y est ! C'est toujours pareil. Ça ne s'arrêtera jamais. On n'en sortira pas de ces reproches et de ces aigreurs. » Il tourne la tête vers le mur. Elle baisse les yeux et regarde attentivement ses mains qui se crispent l'une sur l'autre…

Toujours, jamais, plus, rien… des mots qui nous parlent de leur douloureuse impasse et de ce qu'ils ont accumulé depuis des années.

Toujours, jamais, plus, rien… des mots qui sans doute résonnent en vous. Des mots qui évoquent les moments où vous avez baissé les bras. Les mots de l'impuissance dans vos couples, ceux de l'accablement et des nœuds inextricables de la relation avec cet autre humain qui partage votre vie…

– Il (Elle) ne vous comprend pas.

– Vous ne la (le) comprenez plus.

– Vous vous êtes éloignés l'un de l'autre… à des kilomètres de cette terre de l'entente qui n'est plus que souvenirs et mirages. L'horizon est au noir, presque en permanence, sur fond d'orages incessants, devenus inévitables. Un ciel gris et bas recouvre le quotidien des silences pesants.

De quoi Benoît et Sandrine ont-ils besoin aujourd'hui, pour sortir de l'enlisement ?

Comment perçoivent-ils la psychothérapie qu'ils débutent ? Est-ce pour eux une planche de salut à laquelle chacun pourra se raccrocher pour survivre et ne pas se noyer ? Une bouteille à la mer, jetée à l'écume des humains qui sauront la déchiffrer ? Une dernière chance ?

À ce stade de la consultation, nous ignorons pratiquement tout de la trajectoire de leur couple. Et notre but est de poser la première pierre d'une reconstruction possible.

Aussi, nous formulons deux questions auxquelles nous les engageons à répondre avant toute chose :

« Voulez-vous rester ensemble ? »

« Voulez-vous vous aimer mieux et bien ? »

Les réponses positives des deux partenaires à ces questions sont fondamentales. Elles engagent et déterminent la dynamique à venir.

Posez-vous ces mêmes questions. Posez-les à votre conjoint.

« Est-ce que je veux poursuivre ma vie avec toi ? Et toi, est-ce que tu le veux aussi ? Est-ce que s'aimer mieux (qui nous paraît si difficile), nous voulons le tenter, le risquer ? »

Depuis des années, nous sommes des passeurs enthousiastes de la relation d'amour des couples et avons accompagné maints duos Sandrine/Benoît d'une rive à l'autre, de celle de la désespérance à celle du bonheur à deux.

Nous avons voulu écrire ce livre pour vous qui cherchez à comprendre, à travers vos histoires personnelles, le déroulement de l'histoire de votre couple.

Pour vous, hommes et femmes, qui vous posez des questions sans y trouver réponse :

– Comment en sommes-nous arrivés là tous les deux ?

– Comment avons-nous laissé filer le temps de l'habitude, qui a érodé le ciment de nos sentiments ?

– Qu'avons-nous fait l'un et l'autre, l'un pour l'autre, l'un contre l'autre ?

– Avons-nous gâché, jour après jour, sans nous en rendre compte, la chance que nous avons eue de nous rencontrer ?

– Pouvons-nous conserver de l'espoir et sortir de ce mauvais pas ?

Pour vous, blessés, cognés, cabossés, découragés dans les batailles de la vie, qui n'avez plus confiance dans le couple, qu'il s'agisse de vos unions passées ou des rencontres à venir. Pour vous, qui ne vous croyez plus capables d'être heureux à deux. Pour vous, résignés à cette fatalité « À quoi bon ! »

Et pour vous aussi qui avez reconstruit une histoire d'amour nouvelle, récente, intacte et qui avez si peu foi en sa pérennité : « Je voudrais avoir confiance dans notre amour, confiance en toi, en moi... Je voudrais aller de l'avant et que nous traversions les épreuves et le temps. Mais parfois j'ai si peur... »

Ce livre a le projet de vous aider à aimer votre conjoint, votre couple et vous-mêmes. Si nous sommes déterminés et vigilants, le couple ne nous réduit pas, ne nous étouffe pas, ne nous emprisonne pas.

Il peut nous guérir…

Cote d'amour, cote d'alerte, cote d'amour…

La cote d'amour dans un couple marque la qualité relationnelle et amoureuse de deux partenaires. Les échanges verbaux, corporels, émotionnels, énergétiques abondent. Ils procurent aux êtres en présence, dans des situations heureuses : joies, excitations, rires, satisfactions, bien-être, détente, paix, délices, plaisir… Et dans des situations difficiles : colères, tensions, chagrins, découragements, inquiétudes, peurs… Les mots du dialogue s'échangent, les gestes du lien demeurent et s'enrichissent. La cote d'amour s'élève.

La cote d'alerte correspond au niveau atteint dans la détérioration relationnelle et amoureuse. Cette cote d'alerte est un clignotant permanent des dangers que court le couple, quand les crises vécues sont minimisées ou exagérées, ignorées ou ressassées. Éviter toute crise ne résout rien. Être perpétuellement en crise complique la relation. En tout état de cause, quand ces crises achoppent sur des mots inadéquats, des sentiments inauthentiques, des silences et des retraits, des attitudes offensantes, distantes ou violentes, elles ne sont ni bien traversées ni traitées. La montée sur la cote d'alerte s'affole.

Quel que soit le degré maximum atteint sur la cote d'alerte, le retour sur la cote d'amour est toujours possible.

Le couple en cote d'amour est le berceau de la

tendresse, de la complicité, de l'humour sain, de l'amour sexuel, de la négociation, de l'échange, de l'harmonie... C'est aussi un lieu de ressourcement, de croissance, de créativité, de réalisations et d'énergie positive...

Quand les hommes et les femmes savent rester en lien, c'est-à-dire proches dans les problèmes et les crises de la vie, ils se donnent les moyens de progresser ensemble et de stopper la répétition du passé.

Nos parcours professionnels de psychothérapeutes et nos vies personnelles nous ont appris qu'aimer et faire couple sont deux engagements qui vont bien ensemble quoiqu'ils soient différents. Les deux s'apprennent !

Le bonheur en couple n'est pas un état permanent, béat, immuable. L'embarcation amoureuse, pour solide et stable qu'elle soit, tangue sous l'effet des remous, des obstacles qui pourraient la faire chavirer. Son maintien, sa longévité dépendent largement des soins et de l'entretien régulier auxquels, chacun, avec l'autre, veille.

Le cheminement du couple ressemble à la vie d'un cours d'eau : la rencontre qui jaillit comme une source fraîche, vivifiante, tonique... la vie à deux, tel un tracé qui se cherche et s'adapte aux dénivellations des terrains... l'écoulement paisible des habitudes qui s'installent... les accidents inattendus du parcours... la montée parfois inquiétante des éléments par-dessus bord... les inondations provisoires... et, quand l'eau rejoint son lit, ce qui stagne et pollue après coup sur la berge : les détritus, la boue... Certes le danger de débordement s'éloigne... Mais, mais... aucun véritable projet d'assainissement n'a été envisagé. On s'est hâté de faire disparaître toute trace de l'eau, à grand renfort de nettoyage. L'illusion subsiste alors : « L'événement n'était pas si grave. » La « catastrophe » a été évitée !

Après les crises et les scènes de ménage, les partenaires minimisent souvent ce qu'ils ont vécu, mais, à leur insu, la cote d'alerte grimpe.

« C'est normal ce que nous vivons. C'était un mauvais moment à passer... C'est dans tous les couples comme ça. On n'y peut rien !... »

Ou : « Ça donne du piment à la vie. Ça fouette le train-train, on est sûr comme ça que la routine ne nous guette pas... »

La crise dans son contenu et dans sa forme n'est pas résolue. Les époux en méconnaissent l'ampleur. Ils ne reparlent pas des seuils critiques. Et surtout ils ignorent les conséquences qui travaillent à miner leur union. Les alertes se répéteront, détourneront insensiblement le tracé du couple et altéreront son socle de plus en plus fragile.

Les couples sans heurts, sans difficultés n'existent pas. Tous ceux d'entre nous qui sont en duo le savent.

Nous avons tous des problématiques de « toi » et de « toit » :

La vie commune et le quotidien...

Le travail, le chômage et l'insécurité...

Les enfants et l'éducation...

Le manque d'argent, d'espace et de confort...

Les sorties, les vacances et les voyages...

La sexualité, les aléas du désir et les infidélités...

Les nuits sans sommeil...

La maison, les travaux et les déménagements...

Les naissances, les fausses couches et les avortements...

La maladie et la mort de nos proches...

Les réunions de famille, les fêtes, les anniversaires et les enterrements... Et aussi les chaussures dans le passage... les ronflements... l'haleine du matin... la vaisselle dans l'évier... les poils du chien ou du chat... le niveau sonore de la télé...

Ce n'est pas tant la nature des problèmes qui cause les crises et les rend difficiles à vivre, mais le traitement relationnel sain ou non, retenu par le couple.

Ces situations provoquent des conflits, des malentendus, des reproches, des frustrations, des rancœurs, des silences, des incompréhensions, des doutes majeurs sur l'avenir, des emportements et des scènes conjugales. Elles génèrent aussi des discussions, des négociations, des réajustements, des temps d'assainissement de la relation, des moments fluides et sans histoire, des développements durables de l'amour.

Les crises dans le parcours d'un couple sont inévitables et nécessaires. Elles permettent d'affirmer et d'affiner les différences individuelles. Sources régulières d'évolution des relations et de la croissance personnelle, elles obligent à des remises en cause de soi. Leur dénouement approprié permet de rechoisir l'autre et de le réépouser.

Les branle-bas de la vie de couple « revisitent », dans notre histoire de vie, la manière dont nous avons fait lien avec les humains. Comment, avec les autres, avons-nous tissé ce lien ? Comment ce lien a-t-il été abîmé ? Comment s'est-il rompu ?

Les crises, par leur nature, leur densité, leur évolution, réactualisent la texture des liens du passé. Si nous veillons à ne pas déchirer le lien actuel, à ne pas en distendre la trame, ce lien de soie ou de velours se renforce et s'embellit. Ce faisant, l'histoire antérieure, et ses différents étages généalogiques, se répare et s'apaise. Un petit bout de l'Histoire de l'Humanité se restaure. Et c'est cette précieuse et minuscule étoffe que nous transmettons à nos enfants.

Notre travail thérapeutique avec les couples se fonde essentiellement sur les cycles vivifiants et renouvelés de l'Attachement, ses manifestations et ses blessures dans le Lien, ses cicatrisations tout au long du Deuil et son renouvellement dans le Réattachement.

L'attachement est un besoin inhérent à différentes espèces. Il débute au niveau cellulaire, dès la conception. Quand le spermatozoïde rencontre l'ovule, ils vont tous les deux fournir leur identité propre à la construction de l'embryon. C'est l'inscription biologique, la marque génétique et généalogique, d'essence spirituelle. La nidification qui suit est un phénomène d'attachement physiologique.

L'attachement ne se voit pas. Il s'exprime au travers du lien.

Certains d'entre nous ignorent jusqu'à l'existence de leur attachement. D'autres connaissent ce dernier mais ne le ressentent pas. Enfin, ceux qui l'éprouvent ne le montrent pas toujours.

La communauté humaine partage la soif de proximité physique développée à travers nos cinq sens : toucher, sentir, goûter, voir et entendre. On sait, par exemple, que le contact entre deux corps active plus de deux cents hormones et qu'un enfant qui prend son nounours dans les bras en déclenche plus de soixante. Le Lien est bien la quadruple expression de l'attachement, par le corps, l'émotion, le langage et le sentiment cosmique d'appartenir au monde. Les expériences heureuses avec les autres nourrissent le lien. Les ratés de la vie et de la relation blessent, endommagent, rompent le lien. Et ce, durablement. Ou jusqu'à ce que, dans un processus de réparation de soi, un humain soit capable de le restaurer et de modifier le cours de sa vie.

Plus l'attachement se manifeste dans le lien, plus il se renforce.

Plus l'attachement est fort, plus son expression peut en être intense et variée. L'amour augmente et cette énergie vitale circule de plus en plus librement, entre les partenaires du couple.

« Je sais combien ma femme est importante pour moi, mais je ne sais pas le lui montrer », constate un mari.

« Je t'aime très fort », dit un autre, en enlaçant sa partenaire.

Le Deuil est un processus temporel, qui se met en place quand nous regardons en face l'événement, ses conséquences et nos affects. Nous pouvons alors nous ouvrir, aux ressentis, au dialogue, à l'acceptation, au pardon, et même à la gratitude et au sens. Malgré ce qui s'est passé, dans les attentes déçues, les expériences avortées, les relations blessées, le deuil nous permet de renouer avec le positif, l'espoir, la vie... Le deuil ne concerne pas seulement la mort et les pertes. Il est surtout une démarche régulière, qui intègre le passé, remanie notre être tout entier et signe un nouvel espace pour un Réattachement : à des buts, à des lieux, à des êtres, à l'existence. Nous tissons alors de nouveaux liens positifs.

Dans les échanges quotidiens du couple et de la famille, il est nécessaire d'être « à jour » de nos deuils. Avons-nous, avec notre compagnon, nos enfants, bien parcouru les conflits anciens et récents, de sorte qu'aujourd'hui nous en soyons affranchis ? Avons-nous suffisamment et clairement exprimé notre amour à ceux qui partagent notre vie ?

« J'ai été fâchée que tu ne viennes pas me chercher à la gare. J'ai eu peur qu'il te soit arrivé quelque chose sur la route. » La femme pose alors son visage sur l'épaule de son compagnon. Elle nomme ainsi sa frustration née de l'attente.

« J'ai compris et accepté ton besoin de solitude. Je t'aime différent de moi et suis prête à ces moments d'éloignement », conclut une autre femme près de son mari.

Les deuils cruciaux qui jalonnent notre parcours de couple sont difficiles, longs, hésitants, douloureux, marqués de bonds concrets et incontestables et aussi de quelques régressions utiles à l'ancrage des paliers successifs. Dans leurs enchaînements, ces deuils jettent un pont entre passé et présent, entre douleurs et paix, entre illusions et désillusions.

La traversée des crises sur la cote d'alerte, les deuils qui en accompagnent les étapes et la restauration au long cours du lien amoureux, facilitent la remontée sur la cote d'amour.

Le cheminement du couple fait évoluer l'illusion première vers la désillusion, c'est-à-dire la prise en compte progressive du réel.

Les deuils aboutissent à une transformation essentielle de l'être et du couple : création, recréation et maintien du lien amoureux ; renoncement aux aspects fusionnels persistants ; capacité d'être seul et avec l'autre ; sentiment aigu d'une existence propre ; capacité de garder en soi et dans la permanence l'être aimé et différent de soi.

Le couple constitue le point d'intersection entre le mouvement diachronique, c'est-à-dire l'historicité qui nous ramène à notre passé individuel et le mouvement synchronique du présent et du quotidien à deux.

Il est le lieu privilégié des remaniements continus et positifs des personnalités, aux niveaux psychique, émotionnel, sensitif et fantasmatique.

Vision du couple sain, penserez-vous en lisant ces lignes ? Sans aucun doute.

Nous présentons dans ce livre quelques couples. Ils ont été choisis, parce qu'ils nous parlent d'humains, qui ressemblent à d'autres humains, à nous, à vous qui lirez ces pages. Par la diversité de leurs rencontres, de leurs parcours amoureux, de leurs joies et de leurs peines, ces récits peuvent nous aider à mieux nous comprendre et à progresser.

Comme dans la vie que nous côtoyons vous et nous, dans les médias, les contes et légendes, les couples qui ne se donnent pas les moyens d'évoluer de cotes d'alerte en cotes d'amour finissent mal : ruptures catastrophiques, haines inextinguibles, vengeances, destructions ou agonie lente au sein d'un couple moribond.

Nous nous sommes attachées à montrer, au travers de quatre récits (dont deux films et un mythe), comment des couples méconnaissent différentes montées sur la cote d'alerte. Chemin faisant, nous suggérons des protocoles de communication et de changements. Ils auraient permis à ces partenaires de retrouver leur entente et d'évoluer.

Trois autres couples sont décrits dans ce livre. Après maints échecs, ils ont entrepris, avec nous, une thérapie de couple en groupe. Ils sont passés successivement de l'involution des relations à la révolution dans les comportements.

Pourquoi Lui, pourquoi Elle ?

Longtemps, les couples se sont formés dans des rencontres arrangées par les familles dont la volonté délibérée était de maintenir intacts les patrimoines respectifs des uns et des autres : réunion des terres existantes pour éviter l'émiettement, addition des fortunes accumulées…

Dans ces mariages concoctés à l'avance, l'objectif familial était aussi d'écarter les mésalliances et les déclassements sociologiques. On se mariait entre soi, entre familles de même rang, de même milieu social et économique. Les princes se mariaient à des princesses. Les bourgeois, les commerçants, les ouvriers recherchaient « chaussure à leur pied » dans leur milieu. Les hommes et les femmes devenaient prioritairement des conjoints et accessoirement des époux. Leurs inclinations affectives passaient à l'arrière-plan des exigences de leurs familles respectives. Ils se conformaient aux modèles imposés par leur environnement. L'amour accompagnait parfois leur rencontre et la suite de leur vie conjugale, mais pouvait tout aussi bien en être exclu. Son absence, alors, modulait les relations entre tendresse et enfer.

Aujourd'hui ces pratiques dictées par les familles d'origine sont nettement en recul. La rencontre sociale des couples semble plus hasardeuse. On se rencontre au cours de soirées chez des amis, on est présenté par des copains et copines de la fratrie, on se séduit en boîte de nuit, on lie connaissance sur le campus étudiant, sur le lieu de travail, au camping, sur la plage, sans oublier les annonces matrimoniales et internet… Nous pourrions donc croire qu'aujourd'hui la famille n'influence en rien les rencontres amoureuses.

Les personnes paraissent se choisir assez librement dans les sociétés occidentales, quels que soient les lieux de rencontre et les circonstances. Mais il n'en est rien. Le plus important de l'attirance réciproque se situe dans des zones difficilement accessibles à la conscience de chacun des partenaires.

« Je me souviens, c'était dans un dancing. Il s'est planté devant moi, j'avais l'impression de fondre littéralement sous son regard. Il m'a parlé. Je n'ai rien entendu, je regardais son sourire. Des frissons m'étreignaient. Je les sens encore dans mon corps… »

Qu'on appelle la rencontre amoureuse : chance de notre vie, écriture du destin, accident, imprévu, fatalité… elle n'est pas hasardeuse et reste le produit de la collision annoncée de nos histoires personnelles et inconscientes.

La rencontre, dans le couple, est avant tout souterraine.

Elle nous ramène à un état de petit enfant en manque, qui veut tout de suite satisfaire ses exigences. Elle engendre un contrat implicite, une promesse majeure à venir, un : « Je te veux immédiatement. »

Nous ne voyons pas à l'avance, combien cette complémentarité : Toi + Moi = Nous, est en fait la réponse à notre faim intérieure : Toi + Moi = Moi.

Nous demandons tacitement à l'autre de nous aider à guérir de tous nos amours déçus depuis l'enfance. Nous attendons secrètement la réparation de nos frustrations…

Lui : « Si on allait à la piscine ? »

Elle : « Oh oui ! J'aime tellement sortir avec toi, et en plus j'adore nager ! »

Pendant que nous dialoguons de manière audible, d'autres parties cachées en nous se font des serments d'une extrême importance, au regard de nos vécus et pour le futur du couple.

Lui (*in petto*) : « Je ne veux pas que tu ailles quelque part sans moi, j'ai tellement peur que tu rencontres quelqu'un d'autre et que tu m'abandonnes. Toutes mes fibres en tremblent encore : ma mère est partie trois mois à l'hôpital quand j'avais à peine un an ! »

Elle (*in petto*) : « Tu n'as aucun souci à te faire, j'ai peur de sortir seule, cela m'angoisse. Mes parents m'interdisaient de le faire et je n'en ai pas l'expérience. »

Après six mois ou un an de belle entente, que se disent-ils dans le dialogue réel ?

Lui : « Si on vivait ensemble ? C'est tellement chouette avec toi ! »

Elle : « Je ressens la même chose ! Je suis folle de joie que tu me le demandes. »

L'ancienne histoire non guérie est sous-jacente, inaudible mais prégnante pour les deux partenaires :

Lui (*in petto*) : « Donc c'est sûr, je pourrai te contrôler pour éviter de ressentir ces choses affreuses que j'ai vécues petit avec mes parents ? »

Elle (*in petto*) : « Évidemment, je suis tellement soulagée ! Tu m'éviteras de m'opposer, je pourrai garder ma frustration et dire que c'est toi qui en es la cause. »

À ce stade, nous comprenons déjà que ce qui n'est pas formulé tiendra une plus grande importance dans les relations du couple, que le verbal. Ces doubles dialogues existent sur beaucoup de points, de domaines, de thèmes. Plus tard, lorsque ces autres parties (*in petto*) de nous apparaîtront dans les montées sur la cote d'alerte, chacun pensera : « Il ou elle a bien changé ! », « Il ou elle a bien caché son jeu ! » et chacun se sentira trahi.

À l'aube de la formation du couple, chacun, la plupart du temps, est dans l'ignorance de ses blessures personnelles, du rôle que l'autre tiendra dans la cicatrisation de son histoire et de celle de ses ancêtres. Mais la suite de la rencontre en sera marquée. En présence de ce partenaire, les plaies insuffisamment refermées seront réveillées, alertées, tirées de leur assoupissement. Elles apparaîtront au fur et à mesure du temps, comme des bulles qui viennent crever à la surface des événements vécus.

Des pans entiers de notre enfance et de notre adolescence, les comportements, les valeurs et les sentiments de nos figures parentales et même les événements traumatiques ou inachevés de nos ascendants, président à nos choix amoureux.

Choisissons une métaphore pour comprendre le choix amoureux de deux partenaires dans la rencontre.

M. et Mme Albertini projettent d'acheter un terrain, remarqué quelque temps auparavant au cours d'une promenade. Ce terrain leur plaît énormément. Il est plat, situé au bord de l'eau, la terre de surface leur paraît bonne... Ils viennent plusieurs fois visiter les alentours et ne se lassent pas de « faire le tour du propriétaire ». Ils en parlent abondamment entre eux. Ils imaginent déjà avec plaisir leurs futures plantations paysagées, le bon parti qu'ils tireront de l'orientation de la maison, les aménagements à venir. Enthousiastes, ils décrivent le projet à leurs amis.

Ils achètent le terrain, obtiennent leur permis de construire et commencent les travaux.

Dès le début de ces derniers, le sol et le sous-sol se révèlent caillouteux, crayeux. Les perspectives se compliquent considérablement : il faut extraire des pierres, remblayer avec de la bonne terre, amender et enrichir le sol.

M. et Mme Albertini, plus que déçus, se sentent floués. Mais ces malheureux propriétaires ne sont pas au bout de leurs peines. De fortes pluies provoquent l'écroulement inopiné du terrain. Cet affaissement révèle la présence de marnières. Par le passé, elles ont été exploitées, puis comblées et recouvertes. C'est la catastrophe !

M. et Mme Albertini sont alors devant un dilemme : garder le terrain choisi et investir encore plus que prévu pour qu'il corresponde enfin à ce qu'ils veulent, ou bien le revendre à perte et en acquérir un autre. Au risque de découvrir alors des vices catastrophiques semblables ou différents.

Au départ, le choix du terrain s'est fait sur un coup de cœur. M. et Mme Albertini ne soupçonnaient pas les soucis auxquels ils se heurteraient ni l'existence des marnières.

Quittons la métaphore pour observer ce qui se passe pour un couple. Dans la rencontre de deux êtres, nous constatons deux niveaux : le niveau conscient et le niveau inconscient.

Le niveau conscient correspond à ce que nous sommes capables d'exposer, de comprendre et d'analyser en général aisément.

Notre mémoire rend compte assez fidèlement du contact préliminaire avec notre partenaire. Après coup, nous évoquons les circonstances, les regards échangés, parfois même les paroles prononcées. Et, la plupart du temps, le lieu et l'environnement. Nous décrivons ce qui nous a séduit et attiré chez l'autre : ses yeux, sa tenue vestimentaire, son allure, sa façon de marcher, sa voix, le geste de sa main qui frôle, son parfum… Tout, en nous-mêmes et entre nous deux était harmonieux.

Dans la rencontre amoureuse, chacun des partenaires est fasciné, enthousiasmé, transporté et veut faire partager à la terre entière cette chance incroyable : « J'ai rencontré l'homme de ma vie… Elle était là pour moi… C'était lui et pas un autre… J'en ai eu la certitude dès la première seconde, elle m'attendait… » Dans la plupart des cas, nous avons partagé les mêmes émois, les mêmes plaisirs. Nous avons été transportés par les mêmes désirs et enthousiasmes. Un accord sans dissonance, une cohérence sans faille se sont développés entre ce que nous observions chez l'autre, ce que nous ressentions et pensions intérieurement. Pour quelques heures, quelques jours, quelques mois, l'autre est la personne dont on rêvait, le prince charmant, l'être unique.

Si ce type de rencontres amoureuses est le schéma le plus courant, il existe aussi des unions où les êtres, sans se plaire vraiment, se « séduisent » et se conviennent pour d'autres motifs : similitude des valeurs, des goûts, des intérêts culturels et intellectuels, des engagements politiques et sociaux...

Ces rencontres sont moins fascinantes, elles demeurent cependant attirantes. Le moi y est globalement satisfait.

Le niveau inconscient est celui que nous ignorons et qui nous achemine irrésistiblement vers tel ou tel partenaire. Les répercussions généalogiques de l'histoire de nos ascendants y sont très actives. La plupart du temps, nous méconnaissons à quel point ces dimensions secrètes vont être agissantes en nous.

Selon les cas, notre histoire familiale est un léger bagage à main, une pleine valise à roulettes ou une malle très lourde !

Comme dans l'observation d'une coupe géologique, qui permet de faire apparaître les différentes couches de roches et de sédiments, regardons les strates de la rencontre inconsciente du couple.

L'histoire personnelle de chacun avant la rencontre constitue le scénario[1]. C'est la première couche inconsciente. Quels que soient les types de rencontre et le degré de

1. Le scénario est le dessein de vie de chacun, élaboré dans l'enfance, au sein de la famille, de l'école et plus largement de l'environnement. À partir des événements heureux et/ou difficiles, des permissions et des interdits reçus, nous nous sommes forgé des croyances et des décisions plus ou moins conscientes, appelées scénariques. Ce sont elles qui donnent naissance à nos systèmes de pensées, d'émotions et de comportements.

lucidité que nous affirmons posséder, il existe un fort et profond substrat individuel qui nous entraîne vers un choix particulier. Car chacun de nous est lié par les attentes pressantes de son histoire personnelle. Les éléments de notre passé sont majoritairement ignorés pendant la rencontre. Pourtant, ils sont bien présents et actifs, au point de nous entraîner vers un partenaire plutôt qu'un autre.

Plus tard, si nous n'y prenons garde, les problèmes, les désaccords, les conflits se cristalliseront fréquemment autour de ces parties impérieuses de nous-mêmes. Elles risqueront d'obtenir le dernier mot dans le parcours de la vie à deux ! Dans le déroulement de la vie commune, chacun constatera des difficultés auxquelles il ne s'attendait pas. Ces découvertes révéleront après coup les aspects cachés et si fortement attractifs de l'autre. Dissimulés au départ, ils correspondent pourtant à ce que nous avons connu dans l'enfance, à ce qui nous a été familier, à ce qui nous a fait souffrir et qui attend réparation depuis si longtemps.

Une patiente raconte : « Dans mon enfance, mon père pouvait se montrer doux et patient, jouer aux dominos, se balader en vélo avec moi, m'appeler "Ma petite Fafa". Mais quand il avait trop tardé au café du village, en rentrant à la maison il prenait la mouche pour un rien. Il devenait brutal, frappait ma mère et parfois moi aussi, pour des motifs futiles. Dans mon cœur de petite fille, j'aimais très fort mon père. J'espérais toujours qu'une bonne fée intervienne pour fermer à jamais ce fichu bar. Alors mon père cesserait de faire pleurer ma mère et on serait heureux. Mais il est mort avant. Aujourd'hui encore, je rêve d'une autre fin pour lui, ma mère et moi.

Quand j'ai rencontré Jean-Claude, son regard d'azur, plein de tendresse m'a chavirée. Sa voix était chaude et m'enveloppait. Personne, jusque-là, n'avait prononcé mon prénom avec une telle intensité : "Ma Fabienne." J'étais rassurée, tranquille, confiante...

Comment se fait-il qu'à l'époque je n'ai rien vu ? Se peut-il qu'il ne m'ait pas montré ce qui est si évident à présent quatre ans après ? Chaque fois que je reviens du supermarché avec un produit nouveau, il explose. Il me traite de dépensière et d'accro à la pub. Et le comble, c'est quand j'achète une petite folie à notre fille. Alors là, il est capable de violence soudaine. Il est méconnaissable. Ce n'est plus le même homme. Je me rends bien compte que j'ai "épousé" mon père avec ses facettes attendrissantes et celles qui m'ont tant fait peur dans l'enfance. Mais, c'est seulement maintenant que je suis lucide ! J'attendais inconsciemment de Jean-Claude qu'une affection constante, une sollicitude de tous les jours, une patience de chaque instant, m'aident à guérir de ce qui m'a fait si mal dans mon enfance, auprès de mon père.

En thérapie de couple, j'ai compris : la douleur de l'enfance encore si vive, l'espérance d'être une petite fille douillettement calée entre ses deux parents aimants et aimés et la fatale répétition de mon choix d'un mari qui ressemble à mon père, par ses doubles versants si opposés. Tout devenait cohérent. »

Sous la première couche inconsciente du scénario, le magma familial des générations antérieures forme la seconde couche inconsciente. C'est la plus profonde. Quand nos ascendants, vivants ou morts parfois depuis des générations, n'ont pas guéri de leur histoire, ils nous l'ont transmise douloureusement, à notre insu. Aucune de nos rencontres amoureuses n'en sera indemne.

Les passés familiaux respectifs, telles les marnières profondes du terrain des Albertini, symbolisent les strates généalogiques de chacun. Les conjoints sont alors placés devant un choix : rester ensemble avec les ajustements nécessaires, ou divorcer et/ou se remarier sans beaucoup plus de certitude pour l'avenir !

En d'autres termes, on voit que les niveaux de la

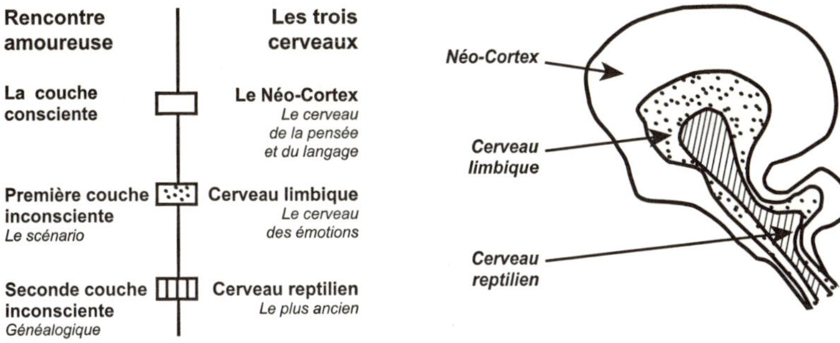

rencontre s'étagent. Nous pouvons les associer à ce que l'on peut observer dans le cerveau.

Nous possédons trois cerveaux qui influencent nos choix de partenaires : le néo-cortex est le siège de l'ensemble de nos capacités intellectuelles. Grâce à lui, nous sommes capables d'organiser, de mémoriser, de communiquer, de comprendre la relation qui s'établit avec notre conjoint. Le cerveau limbique colore avec affectivité et émotion le climat du lien relationnel. Le cerveau reptilien assure la vie réflexe, la survie de notre histoire personnelle, depuis son origine dans la nuit des temps, jusque dans notre descendance. C'est notre mémoire cellulaire.

Nos ancêtres nous encombrent !

Que nous le voulions ou non, que nous le sachions ou non, notre conjoint représente un ou plusieurs protagonistes de la longue saga familiale dont nous sommes issus. Les parties non apaisées, non closes, survivent, non seulement comme des fantômes invisibles à la conscience, mais comme des âmes qui aspirent à être libérées, des situations qui réclament réparation, des êtres auxquels nous devons rendre leur dignité…

Il peut paraître surprenant que, dans la rencontre, les partenaires de couple s'unissent, en partie pour que leurs ancêtres trouvent enfin la paix, ou répètent leurs maladies, leurs fiascos sexuels, leurs faillites… et pourtant, c'est bien de cela dont il s'agit !

C'est comme si chacun se disait *in petto* : « J'ignore ce dont je souffre (dont l'origine est peut-être très lointaine, au temps de mes ancêtres), j'ignore ce dont je veux être guéri, mais c'est avec toi que j'y parviendrai. » Et aussi : « J'ignore ce dont tu souffres, j'ignore ce dont tu veux être guéri, mais je m'engage à panser tes plaies. »

Une énergie puissante nous attire vers un humain dont la généalogie s'aimante à la nôtre. Avec ce partenaire, nous pourrons guérir ou alimenter le processus engagé par nos ascendants, dont la force, venue du passé, est difficilement détectable. L'origine de cette force se tapit dans les secrets familiaux, dans ce qui est tu, esquivé, déformé, interdit.

Pour comprendre à quel point nos ancêtres encombrent notre vie, nous allons découvrir Charles et Véronique et suivre à travers leur parcours de couple ce concept assez énigmatique de rencontre inconsciente généalogique. Toute leur histoire est fortement marquée par leurs antécédents familiaux et les répétitions de comportements.

> *Quand ils viennent en thérapie, Véronique et Charles ont cinquante ans passés, deux grands enfants et des petits-enfants. Ils sont mariés depuis plus de trente ans et se connaissent depuis plus longtemps encore. Ils vivent ensemble, mais sont séparés cinq jours sur sept. Véronique, qui est déléguée médicale dans douze départements, a dû louer un appartement à cent kilomètres de la maison. Elle gagne bien sa vie. Elle se plaît, toute la semaine, dans son espace personnel à partir duquel elle rayonne professionnellement. Charles est chercheur dans un laboratoire important de la région. Il aime rentrer tous les soirs*

dans la maison familiale où il goûte la compagnie de son chien. Rester seul ne lui déplaît pas.

De leurs propres aveux, la sexualité a été le plus souvent absente de leur union. Chacun mène sa vie sexuelle en dehors du couple depuis de nombreuses années. L'éloignement géographique, une grande partie de la semaine, facilite cette extra-conjugalité. Leurs rapports sexuels sont rares et médiocres.

Durant leurs temps de loisirs, ils sont très investis dans des associations, militent et ont beaucoup d'amis.

Véronique se présente à nous comme une femme pleine de vie, forte, généreuse. Avec Charles, elle manifeste une attitude maternelle. Elle dit qu'elle consacre beaucoup de son temps à aider les autres. Elle conseille, soutient, dirige. Elle reconnaît que ces conduites durent depuis fort longtemps. « J'ai l'impression d'être venue au monde avec une longue blouse blanche et des inscriptions peintes en rouge : "Attention pompier en mission ! Ambulancière de secours ! Médecin de garde !" Les gens le savent, je dois les attirer ! C'est toujours à moi qu'ils s'adressent pour faire leurs confidences, comme si j'étais leur confesseur. Même dans mon couple, j'ai fait ça pendant des années avec Charles qui me laissait faire. Ça l'arrangeait et il ne demandait pas mieux que de se réfugier derrière la grande femme que je suis ! J'en ai fait trop, je le sais ! Je suis fatiguée. »

Charles est un homme sensible, affable. Il est intimidé et se présente en Enfant[1] *malgré son imposante stature physique. Il signale qu'il a été fragile et souvent malade : « Tous les petits virus, c'était pour moi. Les gros microbes aussi d'ailleurs ! J'attrapais tout ce*

---

1. Enfant : partie originale de chacun de nous. L'Enfant peut être Libre et spontané, ou Adapté. (Rebelle/Soumis). L'Enfant Adapté est la partie réactive aux événements que nous vivons.

qui se présentait. Je sais bien que ça mettait Véronique dans de sales fureurs, mais bon ! »

Sa phrase à peine terminée, Véronique ajoute : « Oui, c'est vrai, c'est pratiquement fini la maladie, mais ton sexe est toujours en berne ! Et je ne passerai pas les années qui nous restent à rechercher de la sexualité ailleurs, faute d'obtenir de ta part un désir pour moi ! »

Le ton est donné. Ils considèrent que leur vie est aujourd'hui à un tournant décisif. Le motif pour lequel ils ont décidé de s'engager dans une thérapie de couple semble clair : choisir de développer enfin une sexualité satisfaisante ensemble, la cinquantaine passée, ou bien se séparer !

➤ Lecteur, qu'en pensez-vous ?
Et que feriez-vous à la place de Véronique et Charles ?
Vous contenteriez-vous d'un écoulement paisible de la vie, ni tout à fait ensemble, ni tout à fait à distance l'un de l'autre ?
Vous sépareriez-vous ?

Véronique et Charles ne font aucun de ces deux choix. Ils ne veulent ni renoncer à une vie meilleure ni se quitter. Ils s'engagent dans une transformation de leur intimité de couple et un repositionnement des places respectives de chacun dans la famille, en tant qu'époux, père et mère...

➤ Refusez d'abdiquer ! Il est toujours temps de faire le deuil de ce que vous avez perdu, de ce que vous n'avez pas réussi. Regardez le présent d'un œil neuf. Appréhendez-le, avec la certitude qu'il vous appartient de le transformer.

Voici ce que nous avons retenu des problèmes de Charles et Véronique.

Quatre dimensions dans le déroulement de leur vie de couple se sont acheminées sur la cote d'alerte dommageable : la fonction parentale, la sexualité, l'argent et la santé.

La fonction parentale

> *Charles, durant de longues années, ne sait pas adopter un autre rôle que celui d'un enfant dans son couple. Véronique est devenue « sa mère ». Ce dysfonctionnement de la fonction parentale entraîne un cortège de lourdes difficultés entre eux. Par exemple à table, Charles ne peut accepter que son fils Aymeric soit mieux servi que lui ou plus copieusement. Il ne supporte pas non plus les moments de câlins entre Véronique et son fils. Il réclame même de recevoir un cadeau chaque fois que Véronique revient des courses avec un achat personnel pour Aymeric. Il rivalise sans fin avec son fils, comme s'il était son frère. Véronique est exaspérée à chacune de ces occasions, mais ne sait pas comment y remédier.*

Au sein d'une famille, les rôles parentaux sont définis. Par leurs actes et leurs paroles, le père et la mère assument leurs fonctions particulières auprès des enfants.

Charles pourrait s'affirmer, en tant que mari et père de son enfant, nécessairement avec des actes et accessoirement avec des mots : « Je suis ton père, Aymeric. Je suis le mari de Véronique, ta mère. Tu es notre enfant, pas le partenaire de ta mère. Reste à ta place d'enfant de notre couple. »

Mais Charles n'adopte pas ce positionnement sain d'adulte. Il se met au même niveau que son fils et s'installe dans la compétition. Sa position est celle d'être « l'enfant » de Véronique. Il n'occupe pas sa place de père.

Le statut qu'il adopte est renforcé par le rôle de Véronique, qui accepte pendant plusieurs années cet état de fait.

Si Véronique s'était tenue au côté de Charles, en tant qu'alliée adulte et femme, la position de Charles, homme et père debout, s'en serait trouvée renforcée.

La dimension parentale recouvre un certain nombre d'attitudes mentales, affectives, comportementales et bien souvent les adultes se plaignent de ne pas y avoir été préparés. Le « métier » de parent peut s'apprendre en partie dans les livres, dans les stages, mais l'essentiel se construit dans la tête et dans le cœur. À partir des éléments imparfaits du passé, il s'actualise dès que les enfants naissent ou sont adoptés. Aucun de nous, en tant que parent, ne peut prétendre à la perfection. En thérapie, les couples améliorent concrètement leurs panoplies d'amour et de protection de leurs enfants.

Comment la femme devient-elle psychiquement mère ? Le tri est difficile entre les modèles et les exemples qu'elle a reçus. Sa propre mère l'a influencée. Les autres femmes de sa famille élargie (grand-mères, tantes, sœurs aînées, marraines, nourrices) ont contribué à rectifier ou amplifier le modèle. Le soutien ou la désapprobation des personnes de l'entourage (et en particulier des hommes) a positivé ou dévalorisé le projet de maternité. Les influences sociales ambiantes ont compté aussi. On ne se prépare pas à être mère de la même façon au XVIIIe siècle ou au nôtre, au Bénin ou en France.

La dimension maternelle se construit en regard de ces données familiales et culturelles, de manière virtuelle dans le psychisme de la femme jusqu'à la conception de l'enfant. Dès que la femme sait qu'elle est enceinte, se développe en elle ce que l'on peut appeler *la maternalité*. C'est-à-dire une représentation idéalisée de l'enfant à venir, sur lequel la future mère fantasme : un sexe, un prénom, des caractéristiques… un corps à corps proche.

Durant la grossesse, *maternité* et *maternalité* restent indissociables. Bien souvent, l'enfant est désiré et attendu avec impatience. Mais parfois la perspective de sa venue est moins réjouissante.

La dimension paternelle existe parfois aussi chez l'homme avant la paternité. La fonction paternelle est inscrite en filigrane. La plupart du temps, la femme enceinte « présente » le père à l'enfant qu'elle attend. On assiste à une triple qualification de l'homme : géniteur, mari et père.

Tout d'abord, la femme enceinte donne à entendre à l'enfant, dans son ventre : « Tu as été conçu avec mon aimé, tu es le fruit de notre désir. » Cet homme est celui qu'elle a choisi comme amant et géniteur.

L'homme au côté de la femme, avec ses mots et ses gestes à lui, s'inscrit pour prendre déjà toute sa place de père.

L'enfant naît de la mère. L'allaitement les réunit, dans une fusion sensorielle et charnelle. Dans les premiers mois, le père et la mère se partagent les soins attentifs auprès du bébé. Puis, durant la toute petite enfance, le père, par ses interventions séparatrices et délicates, aide l'enfant et la mère à sortir de la symbiose originelle. Ce passage est capital pour la bonne croissance de l'enfant, qui distingue ainsi les places respectives des parents vis-à-vis de lui. Chemin faisant, il perçoit le couple comme une entité solide, dans laquelle il n'est pas admis. Même si son vœu le plus cher est d'être le « mari » de maman ou la « femme » de papa, il n'en est pas question. Il restera l'enfant de ce couple et à sa place d'enfant.

Charles et Véronique, au cours de leur thérapie de couple, mesureront souvent ce qui a dérapé dans leurs rôles parentaux, envers leurs enfants et l'un envers l'autre.

La sexualité

Dans le couple de Véronique et Charles, la sexualité n'est pas au rendez-vous. La cote d'alerte, sourde dès les débuts, prendra du temps à miner les deux partenaires.

Au début de son mariage, Véronique cherche le dialogue avec son époux. Lassée de leurs blocages sexuels, elle s'autorise même à mettre des mots sur leurs échecs successifs. Mais Charles se dérobe, beaucoup trop mal à l'aise pour aborder ce sujet.

Véronique hésite longuement. Puis, avec une certaine naïveté et un raisonnement qui lui paraît logique, dans le but de réussir son couple, elle s'initie sexuellement auprès d'un de ses collègues de travail. Ce dernier lui donne quelques cours pratiques dont elle retient des applications possibles dans le lit conjugal. Charles, au courant, est humilié mais ne dit rien. La détermination de Véronique à sortir de l'impasse ne suscite pas son adhésion. Il réagit en entamant une série de liaisons extra-conjugales, plus romantiques que sexuelles.

Notons que ce comportement contrarie le préjugé social courant : « Les hommes couchent pour le sexe, les femmes pour la romance ! »

Véronique, non désirée, se sent dévalorisée par le regard inexpressif de son mari. Elle prend d'autres amants. Ils la trouvent belle. Son corps exulte. Chacun vit sa sexualité, comme il le peut, en dehors de la conjugalité. Ils se satisfont de cet arrangement pendant des années.

L'argent

L'argent est dans le couple une difficulté récurrente. Charles, qui se passionne pour les livres anciens, ne regarde pas à la dépense pour se les procurer. Ces achats grèvent très sévèrement le budget familial. Lors de crises conjugales aiguës, à propos de lourds découverts et de rappels à l'ordre de la banque, Véronique, qui gère les finances de la maison, exige la vente de certains spécimens. Avec beaucoup de réticences, mais acculé à la réalité, Charles consent à se dessaisir de quelques pièces de sa collection. Très momentanément la tension diminue dans le couple, mais chaque fois qu'un ouvrage rare et à un prix en deçà de sa valeur se présente à lui, il succombe...

La santé

Dès la naissance d'Aymeric, le premier enfant du couple, Charles n'est plus en bonne santé. La maladie devient son refuge et lui permet d'éviter ses responsabilités de père. Il s'alite toutes les fins de semaine pour capter l'attention de Véronique et se faire prendre en charge. Il réclame la visite répétée du médecin de famille, se plaint de tels ou tels maux et exige la présence continue de sa femme à son chevet. En s'alitant, il se tient éloigné du centre animé de la famille : la cuisine où se confectionnent et se prennent les repas, le séjour où se font les devoirs et où la télé se regarde en famille.

La maladie sert inconsciemment le projet d'être reconnu, aimé, choyé, être le centre du monde et ainsi « extorquer » de l'amour.

Charles a manqué d'affection dans son enfance. Être malade permet de « nourrir » quelque peu son cœur affamé ! Il dira plus tard : « C'est comme si Aymeric m'avait pris ma mère ! »

Véronique manifeste régulièrement sa désapprobation, mais assume en s'occupant de son époux. Très tôt dans son couple avec Charles, elle a pris la direction des opérations. Elle décide, entreprend, laissant à Charles en tant qu'homme un espace réduit.

Cette femme en position dominante présente une ambivalence entre une partie fragile, vulnérable, qui proteste, se plaint et une autre partie vigoureuse qui contrôle et régente. Cette ambivalence est un phénomène intrapsychique. Il s'agit de la coexistence d'instances opposées, rivales, au sein d'une même personnalité. L'ambivalence entraîne une discordance de l'être intime. Le sujet a plus ou moins conscience de la présence de ces parties antinomiques, sans pouvoir les accorder. Souvent une de ces parties est passive et spectatrice, tandis que l'autre est agissante et plus visible.

Chez Véronique, l'ambivalence peut être représentée de la façon suivante :

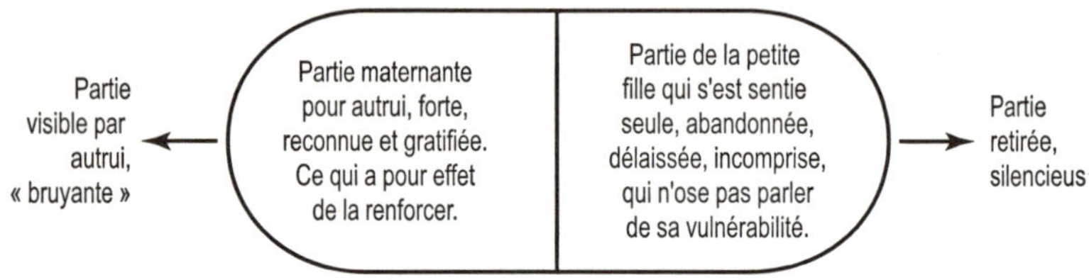

En restant dans le triple rôle familial : mère de son enfant, « mère » de son mari et chef de famille, Véronique participe activement et très involontairement à la non résolution du stratagème inconscient de Charles : jouer à « Jambe de bois ». Ou en d'autres termes : « Je suis une victime et je n'y peux rien ! »

La montée sur la cote d'alerte s'amplifie avec la naissance de Mona. Charles continue de vivre ses fins de semaine au lit, ce qui rythme détestablement la vie de famille. Un jour, Véronique n'en pouvant plus se décide à organiser des sorties joyeuses pour les enfants en dehors de la maison et laisse son mari à son hypocondrie. Quelque temps après, Charles qui se vit comme un enfant abandonné commence une dépression et, sur la recommandation de son médecin, s'engage dans une thérapie personnelle. Il y trouve matière à des constats et des évolutions intérieures : il comprend que son corps a développé des symptômes de plainte d'amour. Faute de recevoir de Véronique toute l'attention qu'il en attendait, Charles s'arc-boutait dans une position de victime.

Le paroxysme de la cote d'alerte de ce couple, et plus tard son basculement dans la cote d'amour, surviennent lorsque Charles est hospitalisé d'urgence, pour une insuffisance respiratoire, à quelques jours du mariage de leur fils Aymeric. Charles réclame le report de la cérémonie. Sa femme et son fils refusent catégoriquement. Cette réaction peut paraître peu humaine, mais elle est significative du ras-le-bol familial quant aux maladies de Charles. Ce coup de semonce lui ouvre les yeux et provoque en lui une réaction salutaire. Il va mieux, se relève, quitte l'hôpital et assiste au mariage de son fils !

> Chocs de la Vie : Vous provoquez en nous de grands bouleversements. Vous nous propulsez vers des ouvertures du cœur et de l'esprit, qui sans vous resteraient sans doute inaccessibles.

Ce coup de théâtre positif marque aussi le renversement de l'évolution du couple. Charles tire un trait sur ses maladies et leurs alibis dont il n'était pas vraiment conscient jusque-là.

C'est le moment que choisissent Véronique et Charles pour entreprendre une démarche de thérapie de couple.

➤ Lecteurs, n'acceptez pas le statu quo dans votre couple, le « il n'y a rien à faire… ce n'est pas maintenant que toi et moi, nous allons changer ! » À coup sûr, vous confectionneriez là une bombe à retardement.

Après la narration de leurs difficultés de couple, nous suggérons à Véronique et Charles de parler d'un passé plus ancien : de leur rencontre et plus en amont de leurs familles respectives. Notre démarche est motivée par une conviction : les problèmes persistants, rencontrés par un couple, sont liés à des domaines qui « échappent » à la résolution consciente. Le poids de la lignée de chacun des partenaires et sa présence dans l'attraction de la rencontre amoureuse nous paraissent indiscutables.

Au collège, Charles et Véronique fréquentaient la même classe de troisième. La plupart des garçons et des filles passaient beaucoup de leur temps libre à flirter. À l'époque, Charles n'était pas amoureux de Véronique. « On était copains, sans plus. Moi, j'avais les yeux et le cœur aimantés par une autre ! Je le disais à Véronique. Elle m'écoutait. Je lui faisais partager mes rêves. J'échafaudais des mises en scène complètement loufoques pour attirer l'autre fille. Je crois que ce sont ces délires qui nous ont rapprochés. »

Véronique confirme qu'elle non plus n'était pas attirée par Charles. « À moins d'être maso, c'était difficile d'être amoureuse d'un garçon qui se consumait d'amour pour une autre ! »

Ils terminent leurs études et continuent d'être de bons amis.

L'occasion se présente de partir en vacances ensemble. Ils ne savent plus aujourd'hui comment l'aventure amoureuse a débuté entre eux. « Elle s'est ébauchée toute seule ! » nous dit Charles.

Durant le séjour estival, Véronique tente d'embrasser Charles sur la bouche. Il en éprouve de l'écœurement. Mais il ne dit pas à quel point tout ce qui est sexuel le dégoûte. Il n'ose pas s'exprimer sur ce sujet pour lequel les mots lui manquent. Ils poursuivent leur flirt. Un jour, de retour de vacances et dans sa chambre d'étudiant, Charles approche brutalement la tête de Véronique près de son sexe en érection. Ce geste fait horreur à la jeune fille. Elle s'exécute et se tait sur le désarroi éprouvé face à cette exigence inattendue. Quelque temps après, ils font l'amour.

« Notre première tentative de "vrai" rapport sexuel a été un fiasco. Je me suis sentie sale, dégoûtante ! » dit Véronique. « Et moi, c'est pareil. J'avais

une chape de cent kilos de remords sur les épaules ! » rajoute Charles. Après cette expérience ratée, ils en restent là sexuellement. Mais les semaines qui suivent sont d'un grand tourment pour Véronique : ses règles tardent. En dehors de Charles, il n'est pas question pour elle de partager son inquiétude avec qui que ce soit. Charles et Véronique comprennent qu'ils ont conçu un enfant ! Ils prennent alors deux décisions : se marier et, après cette régularisation, s'engager dans une vie sexuelle.

Que font ces deux jeunes étudiants ensemble ? Qu'est-ce qui les a liés l'un à l'autre ? Ce n'est ni le coup de foudre amoureux, ni l'attirance irrésistible. D'autres raisons, non apparentes, étaient actives. Au cours de nos entretiens thérapeutiques, nous les découvrons peu à peu.

Voici quelques grandes lignes de présentation des antécédents familiaux respectifs. Elles vont nous aider à cerner le contenu des « bagages généalogiques » qui sont ceux de Charles et de Véronique au moment de leur rencontre.

Aidez-vous du tableau généalogique page 43.

La généalogie de Charles

Albert et Mimi – le père et la mère de Charles – se rencontrent par le biais d'une correspondance pendant la guerre : Albert, qui est soldat, a pour marraine une jeune femme, Mimi. La guerre terminée, Albert plein d'espoir, part à sa recherche. En pénétrant dans la maison de Mimi, il ignore que son sort est scellé par un précepte moral familial, culturel et local : « Celui qui entre ici épouse ! »

Il découvre rapidement qu'il n'est pas amoureux de Mimi, mais irrésistiblement attiré par sa sœur Antoinette. En secret, il ébauche avec cette dernière des liens passionnels que les familles respectives n'acceptent pas. Albert, au pied du mur, est sommé d'épouser Mimi. Six enfants naîtront de cette union, dont Charles qui sera l'aîné de sa fratrie après la mort d'une petite fille à la naissance.

La famille éloigne Antoinette, la fautive. Pour autant, la liaison entre Antoinette et Albert n'est pas interrompue. Le père d'Albert l'apprend et se fâche. Prétextant l'obligation d'être assisté dans son entreprise parisienne, il contraint son fils à le rejoindre. Il fait ainsi d'une pierre trois coups : il obtient la fin de la liaison de son fils avec Antoinette, l'arrêt de la procréation entre les époux Albert et Mimi et offre à Albert, sans le dire, la possibilité de fredaines sexuelles loin de la femme légitime, de ses enfants et du regard des autres. Albert s'exécute, s'exile et rejoint la capitale. Il ne revient plus que très épisodiquement au foyer conjugal.

C'est pourquoi, à partir de l'âge de huit ans, Charles ne voit pratiquement plus son père.

Les blessures d'amour non guéries d'Albert et leurs conséquences sont aisées à repérer. Albert a aimé Antoinette et il en a été empêché. Il a dû épouser Mimi qu'il n'aimait pas. Sa liaison avec Antoinette s'est poursuivie tout au long des années de son mariage. La naissance de ses six enfants n'a rien changé. Puis son père a exigé l'éloignement et fermé les yeux sur ses aventures amoureuses. Que de turbulences dans la vie affective de cet homme !

L'amour et le bonheur de la vie conjugale heureuse lui ont été « interdits ». En revanche, la démission face à sa paternité et l'entretien de liaisons extra-conjugales ont été permis, voire encouragés.

Charles plus tard, dans sa propre histoire, reproduit à sa façon le parcours de son père : amoureux d'une jeune fille, il en épouse une autre : Véronique. Il choisit ses liaisons amoureuses dans l'entourage de sa femme et les « consomme » sous le toit familial. Lui aussi assume bien mal son rôle de père !

GÉNÉALOGIE DE CHARLES ET VÉRONIQUE

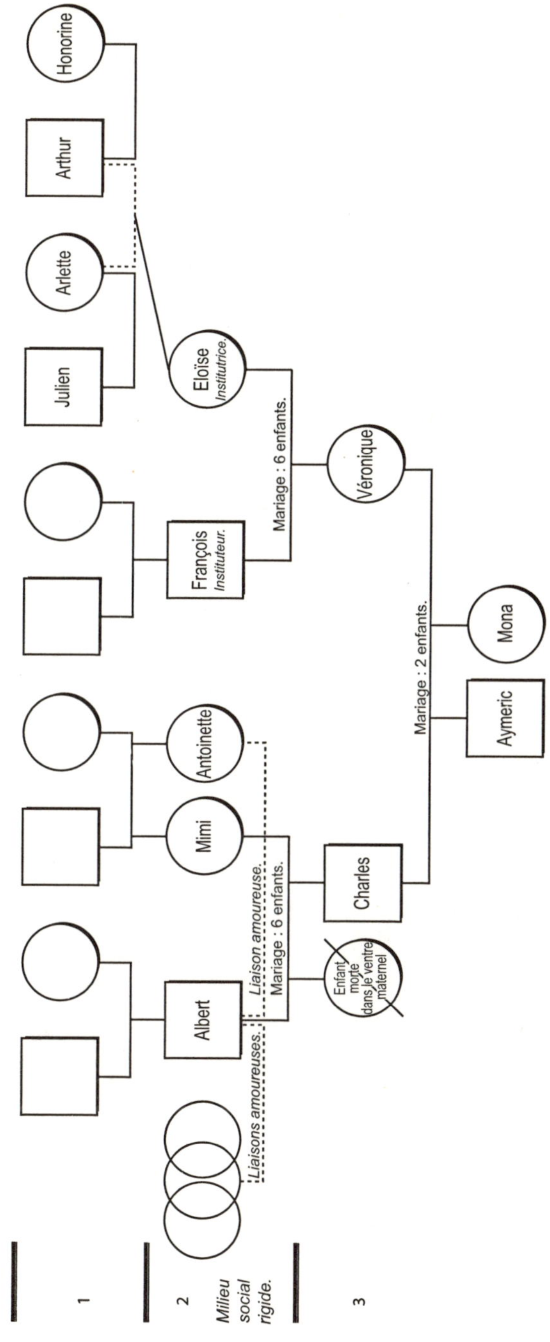

➤ Lecteurs, comment vos parents et/ou vos grands-parents respectifs exprimaient-ils leur tendresse, leur affection, leur attirance sexuelle, dans leur couple ?
À travers quels comportements, quels gestes ?

La plupart du temps, nos agissements, nos attitudes, répètent ceux que nous avons observés dans notre environnement familial et que nous nous sommes appropriés. Nous avons été marqués, à notre insu, par les tics, les mimiques, les gestes, les expressions, les postures de notre entourage. Nous en ignorons l'ampleur et le sens, mais ils sont bel et bien inscrits en nous. Nos comportements sont peu autonomes, peu émancipés de notre passé. Ce qui fait dire aux autres que nous sommes bien de telle ou telle lignée, qu'il y a des marques de fabrique : « C'est incroyable, tu as la même démarche que l'oncle Paul, la même façon que lui de marteler le sol. » « C'est fou ce que ta voix ressemble à celle de ta mère. Au téléphone j'ai toujours un moment d'hésitation avant de te reconnaître ! » « Et cette façon de pencher la tête sur le côté quand tu écoutes, j'ai l'impression de voir ton frère aîné ! »

Nous abordons notre vie de couple, avec dans notre poche ces passeports. Sur « la face recto », on peut y déceler les modèles que nous avons imités et complétés. Sur « la face verso » de ces documents du passé, s'inscrivent nos comportements *a contrario*, c'est-à-dire ceux que nous avons choisi d'adopter, en prenant soin justement de rejeter les exemples de nos aînés. Dans les deux cas, nous n'en avons pas été affranchis.

Faire « comme » ou « contre » participe de la même dépendance au passé, de la même absence de liberté individuelle dans le traitement du présent.

Après le départ de son époux, Mimi, très dépressive, se tourne de plus en plus vers la religion. Des hommes d'Église viennent souvent chez elle. L'absence d'Albert, en tant qu'homme et père, laisse le champ libre aux dérapages : actes pédophiles d'un vicaire sur le frère de Charles, attouchements d'un chanoine sur les sœurs de Charles, relation amoureuse et ambiguë d'un curé avec Mimi (ce qu'elle vivra comme un péché, une source de tourments et de culpabilité). Le petit Charles est épargné, mais vit néanmoins dans cette famille. « J'avais honte, je ne savais pas de quoi, mais je sentais bien que des choses sales se passaient dans notre maison. J'étais comme une éponge émotionnelle ! Je ne comprenais pas vraiment, je voyais des étrangers chez nous et de toutes mes forces, j'aurais voulu les jeter dehors ! Du coup, en plus de la honte, je m'en voulais d'être un mauvais fils, avec des pensées vicieuses. Le sexe m'a dégoûté. La seule chose qui me faisait du bien, et en même temps qui me faisait pleurer, c'était de prier, le soir dans mon lit, pour que papa revienne. »

Charles vivra longtemps la sexualité comme un acte sale et dégradant. De l'enfance à l'âge adulte, il ne côtoie aucun modèle masculin protecteur et sain. Il ne rencontre pas non plus, autour de lui, la beauté et la puissance sexuée de l'homme, qui pourrait lui servir de guide.

Deux modèles parentaux imprègnent le développement de Charles. Premièrement, le plaisir de l'union sexuelle se réalise dans le péché hors du mariage. Deuxièmement, la sexualité obligée des conjoints ne sert qu'à faire des enfants.

La place du père reste vide. Malgré ses prières solitaires, Charles ne peut se construire comme futur homme debout. Il reste un enfant, un tout petit enfant, d'autant que sa mère s'abîme dans la dépression et dans des fréquentations qui la dévient de son rôle de mère protectrice. Charles est et se sent doublement abandonné.

Devenu adulte, il va tenter de se réparer auprès d'une femme forte qui sera à la fois sa mère et son père dans son couple : Véronique.

Quand Charles présente Véronique enceinte à son père, celui-ci ne la rejette pas. Albert a entretenu des relations sexuelles hors mariage. Il trouve dans son fils un « allié » qui a fauté comme lui. Et, soulagé de ne plus être l'unique paria, il accueille sans déplaisir l'idée du mariage des deux jeunes gens. Il révèle alors l'existence cachée d'une compagne illégitime et exige le silence vis-à-vis du reste de la famille, afin de ne pas en bouleverser l'équilibre conventionnel.

Tout se passe comme si cet aveu permettait à Albert de se délester un peu de son fardeau de vie « au profit » de Charles. Par la révélation de son secret, il charge son fils de l'endosser. À lui de s'en dépêtrer ! Charles pourra augmenter l'intensité dramatique de cet imbroglio familial ou s'atteler à en clarifier la complexité dans sa propre histoire !

La généalogie de Véronique

Nous sommes en 1912. Deux jeunes gens, Arlette et Arthur, habitent le même village. Ils sont éperdument amoureux l'un de l'autre. Ils ont hâte de se marier. Le père d'Arlette gère une petite exploitation. Mais après une importante grève, c'est la faillite. Arlette, ainsi que tous ses frères et sœurs, est placée comme domestique dans des familles parisiennes. La guerre de 1914 éclate et Arthur part sur le front. Les courriers échangés par les deux amoureux sont vitaux dans cette période difficile. En 1916, Arlette revient au pays, car on ne mange pas à sa faim dans la capitale. Julien, un homme du village, tourne autour d'elle. C'est un bon parti.

Avant la guerre, la sœur aînée d'Arlette a été sommée d'épouser un cousin éloigné, relativement âgé mais aisé financièrement. Elle voit, d'un mauvais œil, sa cadette Arlette avoir le droit d'attendre son Arthur. Dépitée et jalouse, elle se met en tête d'intercepter les courriers des amoureux.

C'est à cette époque qu'Arthur est fait prisonnier. Arlette n'en saura rien. Jusqu'en 1918, les parents hésitent à briser le cœur d'Arlette si inquiète du silence de son fiancé. Mais quand la guerre prend fin et qu'Arthur n'est toujours pas de retour, ils obligent Arlette à se rendre à l'évidence : Arthur est mort. Elle doit épouser Julien en 1919.

Les biens qui reviennent en héritage à Julien et à ses frères ne doivent pas être partagés : c'est un diktat familial puissant depuis des générations ! Ils sont joués aux dés et gagnés par l'homme qui supportera vaillamment la plus grande quantité d'alcool au cours du jeu ! Julien perd la partie et se retrouve déshérité.

L'année suivant le mariage d'Arlette et de Julien, Arthur revient à pied du front de l'Est. Il s'attend à retrouver Arlette malgré le manque de nouvelles, tant leur amour restait fort dans son souvenir. Il découvre que sa fiancée s'est mariée à Julien. La nouvelle est terrible !

Arthur et Arlette ne supportent pas d'être éloignés l'un de l'autre. Ils se retrouvent régulièrement en cachette et deviennent amants. De ces retrouvailles secrètes naît Éloïse, la future mère de Véronique.

Julien n'a jamais caché sa stérilité à Arlette. Au cours de l'adolescence, lui et ses frères ont contracté une maladie invalidante. C'est un pacte implicite dans le couple d'Arlette et de Julien : un enfant serait le bienvenu, quel qu'en soit le géniteur. Julien a été dépossédé de l'héritage familial, mais en devenant « père », il tient là sa revanche : il sera le seul dans cette famille à assumer une descendance. Ce cadeau de la vie vaut bien « d'ignorer » ce qui s'est passé entre sa femme et un autre ! D'autant que, pour ne pas compromettre Arlette, Arthur épouse Honorine et part faire fortune très loin. Il sera considéré comme un très bon ami de la famille, au point d'être choisi comme parrain d'Éloïse, en réalité sa fille biologique. Le jour du baptême, Arthur ne peut pas rentrer en France. Julien, le « vrai-faux » père, conduit « sa fille » sur les fonts baptismaux.

Le croisement symbolique des places respectives de ces deux hommes, père et parrain, est généré et entretenu par les non-dits.

Éloïse grandit dans une atmosphère de secrets. Dans son enfance et son adolescence, interprétant les signes, croisant les informations, elle se forge peu à peu une conviction intime et intuitive : elle est la fille d'Arthur. Elle multiplie les démarches pour réunir ses deux parents biologiques. Faute d'y parvenir, elle demandera beaucoup plus tard à Charles son gendre, bon photographe, de joindre les visages de sa mère et de son vrai père, dans un médaillon conservé en bonne place sur la commode du salon.

Donnant naissance à Véronique, Éloïse lui transmet le poids de son histoire. La constellation formée par Arlette, Julien, Arthur enseigne à Véronique que l'amour se trouve ailleurs que dans le foyer.

Le passage à la puberté de Véronique va servir d'amplificateur au désordre des places familiales.

Au moment de ses premières règles, elle reçoit des serviettes hygiéniques de la main de sa mère, sans aucun commentaire sur cet événement majeur de sa vie de jeune fille. C'est son frère aîné qui a mission de lui parler de la sexualité. Comme elle ne comprend pas bien, il lui propose d'en passer par des expériences pratiques. Heureusement, il respecte le refus de sa sœur !

Mais la dimension incestueuse et surtout la distorsion des places sont criantes !

Maintenant que Véronique est une « vraie jeune fille », Éloïse, sa mère, lui interdit la poursuite des jeux avec les garçons sur la plage et dans les arbres.

L'adolescente ne comprend pas cette injonction. Elle n'établit pas de lien entre l'interdit maternel et des risques dont personne ne lui a parlé. Éloïse a passé toute son adolescence à l'internat religieux. Elle a baigné dans la certitude apeurée d'une sexualité taboue et dangereuse. Elle ne met pas sa fille en garde et se contente de proscrire les relations de sa fille avec des jeunes gens.

Comme Charles, Véronique n'apprend ni la réalité de son corps ni le respect de sa personne. Elle ne fait pas l'expérience de ressentir la beauté d'être une femme sexuée et sexuelle.

Jamais, Éloïse n'a évoqué devant sa fille les plaisirs de l'amour. Plus tard, au moment où Véronique est enceinte de Charles et l'annonce à sa mère, cette dernière la traite de « Putain ! »

La réaction d'Éloïse vis-à-vis de sa fille n'est pas surprenante. Cette injure lancée au visage de Véronique est bien sûr une connexion inconsciente et immédiate entre deux problématiques douloureuses : la maternité hors mariage et l'état de fille perdue. Souvenons-nous qu'Éloïse est « le fruit du péché » de ses deux parents Arlette et Arthur, alors qu'ils n'étaient pas unis par les liens du mariage. Son père, Arthur, était « l'ami de la famille » et également son parrain. Malgré la pérennité du mariage d'Arlette et de Julien, les uns et les autres n'ont jamais été à l'aise avec les événements passés. Ils se sont tus. En raison de ces silences, Éloïse a porté en elle le poids de la faute parentale, mais surtout maternelle, et la honte qui s'attache si souvent à la conception des enfants illégitimes. Des bâtards ! selon certains.

Toute son enfance a été marquée par le secret relatif à l'amour de ses deux géniteurs et ses conséquences. Un secret entretenu et verrouillé par son père, sa mère et son entourage.

Les secrets de famille agissent sur les générations à venir comme des héritages empoisonnés. On hérite, on ne sait pas de quoi, mais ça fait mal ! On ne se remet pas du passif, tant que la lumière n'est pas faite sur les événements cachés.

➤ Ne soyez pas complices des secrets qu'on entretient dans votre famille et dont vos proches et vous-mêmes devez être délivrés pour mieux vivre.

Faute d'informations, la petite Éloïse, comme tous les enfants qui soupçonnent au travers des attitudes gênées des adultes, qu'on leur cache quelque chose d'essentiel, s'est débrouillée tant bien que mal pour savoir. Si les adultes s'étaient exprimés clairement sur ce qu'ils vivaient dans leurs sentiments et dans leurs comportements, ils auraient aidé l'enfant à intégrer ce qui se passait autour d'elle. En grandissant, elle se serait acceptée comme personne à part entière, fille biologique d'un grand amour contrarié de sa mère avec Arthur, et fille adoptée de Julien, le mari de sa mère.

Faute de paroles, les grandes personnes laissent le champ libre aux fantasmes négatifs et coupables, qui s'emparent de tout enfant privé des vérités qu'il est en droit de connaître.

Dans le secret, celui qui ne sait pas, ne connaît pas le contenu de ce qui lui est caché. Mais il sait qu'il ignore quelque chose d'important, qui le concerne, lui ou sa famille. Il le sait par des indices que les protagonistes du secret livrent à leur insu, dans leurs attitudes, leur gêne soudaine, leurs changements de ton, leurs évitements d'un sujet, le petit rictus imperceptible qu'ils laissent échapper régulièrement…

➤ Vous pensez qu'il vous faut beaucoup de courage pour dévoiler un secret. Peut-être… Vous croyez que vous n'y parviendrez pas, que les mots vous manqueront, que l'émotion vous étranglera. Erreur... Vous ne soupçonnez pas encore les forces dont vous disposez, le soulagement et le bien-être qui suivront.

Le mariage d'Éloïse avec le jeune François permet le rapprochement de deux familles similaires : aisance financière, pratiques religieuses strictes, conduites de vie rigides et austères. François, le père de Véronique, est instituteur et grand défenseur de la laïcité. Il prône des valeurs morales puissantes : honnêteté, probité, engagement, rigueur... Cependant, une fois marié, il ne dédaigne pas les liaisons avec les employées de maison et les collègues de travail...

Pour Véronique, cette intrication des valeurs et leur transgression amalgament des visions brouillées de l'amour et de la sexualité. Les places occupées par les uns et les autres sont loin d'être clairement dessinées.

Qu'il s'agisse de Charles ou de Véronique, aucun des deux dans sa famille n'a vu réunies, au cours de sa jeunesse, ces dimensions qui, selon nous, vont bien ensemble : amour, plaisir, sexualité, mariage, famille.

Résumons sur un tableau ce que nous connaissons de significatif dans l'histoire de Charles et de Véronique, pour comprendre leur union et leurs difficultés de couple (voir tableau page 52) :

Le viatique familial de Charles et Véronique est lourd. Le couple va en rester prisonnier pendant les trente premières années de vie commune.

➤ Et vous lecteur qu'avez-vous personnellement répété dans votre couple ? Qu'avez-vous pris soin d'éviter ? Quelles sont les similitudes que vous constatez dans l'histoire de votre famille et celle de votre conjoint ?

Famille de Charles	*Famille de Véronique*	*Charles et Véronique*
Père amoureux de la sœur de son épouse, obligé d'épouser celle qu'il n'aime pas :	Grand-mère maternelle amoureuse d'un homme et obligée d'en épouser un autre :	Véronique et Charles s'épousent pour régulariser la naissance de l'enfant attendu.
« Celle qu'on épouse n'est pas celle qu'on aime. »	**« Celui qu'on aime n'est pas celui qu'on épouse. »**	**Leur rencontre n'est pas placée sous le signe de l'amour.**
Père infidèle.	Père infidèle.	Infidélités.
Mère : sexualité taboue	Mère : sexualité taboue	Le sexe = péché + culpabilité
religion pesante	religion pesante	
Carence de la place des adultes. Les enfants de Mimi et d'Albert ne sont pas protégés des attouchements, par leurs parents.	Carence de la place des adultes. C'est au frère d'initier sexuellement sa sœur.	Pendant des années Charles occupe dans le couple, auprès de Véronique, la place du plus petit enfant.

Où l'on commence à voir la transformation de ce couple

Comment Véronique et Charles, par le travail fait en thérapie, sont-ils devenus « mari et femme » ? Suivons-les dans le groupe de thérapie de couple qu'ils intègrent, après les entretiens individuels. Plusieurs sessions, plusieurs mois ont été nécessaires, pour que ces deux humains réalisent émotionnellement, dans leur cœur, dans leur esprit et dans leur chair, combien ils avaient souffert du poids de leurs passés familiaux.

Véronique, au cours d'une session de thérapie, demande à revivre un événement majeur de la vie de son couple : l'accouchement de leur premier enfant. Elle raconte, avec beaucoup d'émotion, les détails de ce qui fut un drame : le temps des contractions long et laborieux, Charles éteint et submergé. Véronique se souvient des forceps, du sang, des douleurs, de sa solitude démultipliée par le manque d'humanité des soignants et la distance de Charles. Nous lui proposons de s'allonger sur un matelas. Charles lui tient la main. Les autres participants forment un cercle chaleureux autour d'eux.

« C'étaient des vrais bouchers ces médecins ! Je me sentais une chose entre leurs mains. J'avais envie de mourir ! » Nous l'encourageons à exprimer sa colère. Véronique hurle et ses pieds martèlent le tissu. Elle se débat. Une rage terrible, refoulée jusque-là, s'empare d'elle. Être allongée ne suffit plus.

À l'extrémité de la pièce nous érigeons un autre matelas, tenu par quelques participants et présenté à Véronique comme l'équipe médicale. Encouragée par Charles et le groupe, Véronique prend son élan, traverse la pièce et frappe avec les mains et les pieds. Elle accuse, elle apostrophe, elle crie et lance toutes sortes d'épithètes, jusqu'à ce que des sanglots l'étreignent ! Charles est tout près. Il prend sa femme dans ses bras et pleure avec elle.

Les autres participants sont partie prenante de ce travail. Ils accompagnent, vibrent. Intimement touchés, ils expriment ce qui les interpelle dans leur propre histoire.

Charles poursuit : « Je me sens coupable de tout, Véronique, de ta grossesse, de ta souffrance et de mon incapacité personnelle à te porter secours au moment de l'accouchement. Mon sexe a agi comme un poignard dans ton ventre ! »

Charles comprend comment, avec cette culpabilité, il s'est éloigné du corps et du sexe de sa femme après la naissance d'Aymeric. Tout fait sens dans son histoire familiale : le sexe interdit, les valeurs morales étriquées, prêchées et cependant bafouées, les infidélités du père, les attirances de sa mère pour les hommes d'Église…

Nous l'invitons à mettre en scène tous ces acteurs.

Charles choisit parmi les participants ceux qui vont représenter son père et ses maîtresses, sa mère et les curés. Il les interpelle avec colère sur leurs agissements passés. Il leur crie à quel point l'enfant qu'il était se sentait honteux, humilié, abandonné, hors de leurs préoccupations. Il leur déclare : « Plus jamais je ne vous permettrai d'empoisonner mon existence et celle de mon couple ! »

Véronique est bouleversée par ce Charles d'aujourd'hui si puissant et modifie la vision qu'elle conservait de son mari.

Dans une autre séquence thérapeutique, Véronique retourne à son passé. Elle choisit une participante du groupe pour représenter sa mère. Elles s'assoient l'une en face de l'autre.

« Je veux que tu me fasses des excuses ! Tu devais me parler des règles, des garçons, de l'amour. Et non demander à mon frère de m'informer à ta place. Tu m'entends ? Tes silences ont gâché ma vie avec Charles ! Tu n'avais pas le droit de me traiter de “putain”. Ce mot m'a assassinée et je veux que tu me dises à quel point tu regrettes qu'il soit sorti de ta bouche ! »

La « mère » est ébranlée. Elle mesure tout le gâchis et par la voix de sa représentante, dans le groupe, demande pardon.

Véronique réalise que sa mère a agi et réagi ainsi, parce qu'elle était elle-même une enfant illégitime, assaillie de souffrances.

Au cours d'une autre séquence thérapeutique, Charles se souvient : dans son enfance, les adultes chuchotaient dès qu'ils parlaient de sa sœur aînée, morte dans le ventre de sa mère. L'enfant avait dû être extirpée par morceaux. Il revit toute l'horreur de cette scène. Ce travail lui permet de rejoindre sa mère, qui a tant souffert, ainsi que sa femme humiliée. Il est fier d'être à présent un homme, un père et un mari.

À l'issue de mois et de mois de travail thérapeutique et

grâce aux séances d'expression de sa colère vis-à-vis des comportements de sa famille et de sa belle-famille, Charles comprend : le mauvais usage de la religion, la débâcle de la sexualité, l'existence des amants dans la vie de sa femme, ses attitudes personnelles de malade imaginaire, son manque de présence auprès de sa famille… « J'ai percuté des douleurs intenses, j'ai libéré mon chagrin face à ce bilan désastreux. Je me suis senti lavé, nettoyé, régénéré. »

Charles, au fil du temps, a choisi de vivre en bonne santé. Pour Véronique c'est maintenant un homme debout. Elle peut enfin le reconsidérer comme son partenaire de vie : « On attaque les problèmes ensemble, il n'y a plus seulement "je" et "tu". C'est nouveau, on devient capables de s'exprimer à partir d'un "nous". »

Le couple fait face aux différentes réalités et les deux partenaires se sentent égaux. « Moi, je rechoisis Véronique, alors qu'avant je m'étais laissé choisir », résume Charles. Puis encore : « Dans ce climat de confiance, je suis sorti de la maladie. Je m'engage comme homme viril. » Véronique ajoute : « Ça a été si important pour moi que j'ai arrêté complètement les relations à l'extérieur du couple. L'énergie ne part plus ailleurs, on a des projets communs : voyager, s'initier aux danses de salon, prendre des cours de jardinage ensemble… »

Charles insiste ensuite sur le fait qu'il a appris à percevoir beaucoup plus vite ce qui ne va pas chez lui, car il veut réagir différemment à la maison, avec Véronique, les enfants et les petits-enfants. Plusieurs étapes ont été nécessaires pour le succès de cette entreprise et les deux partenaires ont fait alliance pour y parvenir. Par exemple, quand Véronique observe des signes visibles de malaise chez son mari, elle lui propose avec affection d'en parler. Il arrive que ce dernier la repousse encore, en disant : « Ce n'est rien, je t'assure ! » ou se mette en retrait, dans le silence. Mais peu à peu Charles devient conscient de l'intérêt de ces moments de dialogue, de leurs résultats tangibles sur l'atmosphère de la vie quotidienne et l'intimité de leur couple. Il s'habitue à repérer les signaux négatifs en lui-même et à en faire part à Véronique, pour qu'ensemble, ils s'emploient à les estomper.

Charles manifeste sa tendresse à Véronique. Il est attentif. Elle peut même trouver du réconfort auprès de lui, quand elle est blessée ou qu'elle souffre.

Durant leur thérapie de couple, Charles propose à Véronique un déplacement en Indonésie pour rendre visite à leur fils Aymeric et à sa famille. Au cours de leur séjour, ils tissent de bons liens d'affection avec leur fils. Puis de retour en France, ils invitent leur fille à passer une fin de semaine à la maison. C'est un bouleversement familial délicat, car Mona depuis longtemps s'est beaucoup éloignée de son père. Les retrouvailles sont d'abord difficiles, puis peu à peu le père et la fille reprennent le dialogue. Le samedi soir, la mère et la fille, très complices, font des emplettes ensemble. À leur retour, la table est mise, le repas sent bon la cuisine mijotée. Charles l'a préparé avec soin en pensant aux goûts de sa fille. Le rapprochement de Mona et de Charles s'installe durablement. Véronique en est ravie.

« Ce n'est pas seulement la tendresse familiale qui circule. Aujourd'hui, des portes s'ouvrent sur des points pour lesquels j'avais abdiqué. Comme par exemple l'argent. Charles, maintenant, se comporte financièrement en adulte. Il ne fait plus d'achats inconsidérés. Même ses angoisses, il les gère tout seul ! » Charles sourit. « C'est vrai, je ne subis plus, je construis et suis actif dans la relation avec Véronique. J'en suis assez fier et cela me change complètement de la vision honteuse de moi-même et de ma culpabilisation constante. J'ai vraiment la sensation de sortir de l'adolescence ! » Il ajoute, très soulagé : « Puisque nous avons désormais l'expérience de trouver des solutions à nos problèmes, nous les cherchons, ensemble ou séparément, mais toujours dans le but d'en trouver. La réussite fait partie de “je, toi et nous”. »

Dans leur couple, l'autonomie et les échanges progressent en qualité et en profondeur. Charles et Véronique persévèrent, même quand des difficultés se présentent, car ils ont appris à résoudre ensemble les différents conflits et désaccords.

> La trame de la vie à deux est tissée de joies et de plaisirs, d'enthousiasmes et de plénitude, de douleurs et de tristesse, de chagrins et d'expériences imparfaitement réussies.

La qualité de leurs relations sexuelles est plus difficile à améliorer que les autres points de leur union, sur lesquels ils progressent rapidement. Or, c'est principalement pour établir entre eux une bonne sexualité, que Véronique et Charles se sont décidés à une thérapie de couple. Ils ont dépassé la cinquantaine et sont conscients des conséquences de trente années de friche dans ce domaine. Véronique mesure l'importance de prendre soin de sa personne. Elle mincit, s'achète des vêtements seyants, s'autorise des soins de beauté, encouragée dans cette voie par Charles. Ils apprennent à faire l'amour ensemble. Dans l'intervalle des séances de thérapie, ils sont invités à porter un soin attentif à leurs sorties et à se donner des rendez-vous amoureux.

Ils jouent (au sens ludique) à se séduire. Ils s'entraînent, dans leurs échanges, à se regarder longuement avant de se toucher. Ils explorent la distance et le rapprochement des corps. Ils se redécouvrent tactilement, ce qui augmente leurs sensations et leur sensualité. Ils se lisent des contes érotiques et s'écrivent des lettres d'amour…

Charles est attentif à réactiver son désir. Véronique exprime ce qu'elle aime. Ils tâtonnent, expérimentent : excitation, plaisir, érection durable de Charles et satisfaction réelle pour Véronique. Elle dit : « Charles découvre que j'ai un corps, il l'aime ! » Ils continuent d'affiner les subtilités de l'intimité sexuelle, ne relâchent pas la vigilance et le soin délicat à s'aimer dans la tendresse et la douceur.

La confiance réciproque est au rendez-vous et chacun accepte l'autre dans sa réalité : son âge, son caractère, ses qualités et ses travers…

D'autres phases d'élucidation seront nécessaires à Véronique et Charles. Car il leur faudra, à leur manière, assainir les différents niveaux d'intrication du passé. Dans leur union, l'attraction réciproque s'était nouée sur le mode du substitut maternel idéalisé.

Car pour eux, comme pour chacun de nous, le renoncement à retrouver, dans la femme ou dans l'homme choisi, la mère ou le père d'origine, n'est jamais vraiment acquis.

Quand Charles désire enfin Véronique, il peut promouvoir celle-ci en tant que femme, sur les marches du podium du couple. Quand Véronique atteint enfin sa maturité psycho-sexuelle de femme, qu'elle avait déjà commencée à l'occasion de ses aventures extra-conjugales, elle n'est plus cette adolescente privée de bons modèles maternels. Elle peut élire Charles comme son homme.

La thérapie de couple permet à Charles et Véronique de contacter et de réviser les pensées et croyances qui les perturbaient. Ils expriment les ressentis de honte, de culpabilité, de colère, de peur, de chagrin, qui étaient enfouis et bloqués. Ils « revisitent » le premier accouchement de Véronique si difficile, la mort de la sœur aînée de Charles dans le ventre maternel, l'absence réelle d'Arthur le grand-père biologique de Véronique, auprès de sa grand-mère Arlette, quand elle avait mis au monde Éloïse, les dysfonctionnements de chaque famille, les messages néfastes concernant la sexualité, l'emprise d'une religion mal comprise sur tous les événements de la vie…

La thérapie de couple en groupe est pour eux, comme pour beaucoup d'autres, un mini-laboratoire de révolution et de guérison.

Bientôt Charles et Véronique peuvent, seuls, compléter

ces processus qui donnent sens à la vie, en reliant les événements d'hier et ceux d'aujourd'hui.

Ce sont tous les deuils afférents à leur histoire de couple et à leur généalogie, qui favorisent la modification de leurs comportements.

Leur couple semble à présent sur le chemin de l'entente et du bonheur.

➤ Ayez confiance en vous, en l'autre, en vous deux, en vos capacités à être heureux. Des recettes sont peut-être dehors, mais les talents sont en vous.

De l'enfance au couple

Chacun de nous depuis l'enfance conserve dans tout son être intérieur la dimension psychique inaltérable de l'Enfant intérieur. C'est une partie unique de la personnalité. L'Enfant est libre et spontané, s'adapte de façon rebelle ou soumise aux événements. Il vibre, s'élance, se passionne, agit avec naturel et s'enthousiasme.

Il n'est pas question de parler de l'Enfant comme d'un fardeau que nous portons à l'âge adulte. Ce n'est pas une survivance capricieuse, une faille de notre personne, une séquelle souffreteuse, que nous devons nous efforcer de taire et d'éliminer. Mais bien plutôt ce qui fonde notre liberté, « la fraîcheur d'âme et de cœur ». L'Enfant ne vieillit pas en nous.

Il demeure cependant vulnérable et fragile. Dans les temps d'immaturité, vécus au contact des grandes puissances parentales, il lui était impossible de se tenir à l'écart des expériences heureuses ou douloureuses. Immanquablement, il a été modelé à l'aune du climat de la famille et de son environnement.

Au sein de foyers chaleureux, tendres, l'Enfant de l'enfant a été entendu, approuvé, soutenu, félicité, gratifié, consolé. Il a été encouragé à apprendre, à expérimenter, à réussir, à dépasser l'échec, à recommencer. Dans toutes ces expériences, l'enfant a reçu des messages d'amour inconditionnel. Il a grandi par petits paliers de progrès ou grands bonds d'évolution, dans la confiance en soi, la sécurité intérieure, la certitude positive de la beauté de l'existence.

Dans d'autres foyers, l'Enfant de l'enfant n'a pas été accepté et compris. Il a connu la dérision, la moquerie des adultes. Il a dû se taire sur les découvertes de la sexualité et des émois de l'amour infantile, s'interroger sur le mutisme des grands et leurs secrets, faire silence à table, sortir jouer dehors pour que les adultes aient la paix, subir l'injustice, l'exaspération et la maltraitance des aînés, leur agressivité destructrice, la violence des coups qui soulagent les aînés mais qui font si mal. Il a supporté les punitions, les brimades, les persécutions, les sarcasmes, la solitude et même l'inceste...

L'Enfant de l'enfant a grandi dans la souffrance, le sentiment tenace de l'insécurité, la menace de l'abandon, le déficit d'amour. Il quête alors, jour après jour, dans les aléas qui jalonnent sa vie d'adulte, ce qui peut nourrir (même à coups de miettes) son être tout entier, anémié, mal nourri, affamé parfois. À la manière du corps quand la faim le taraude, l'Enfant cherche ce qui va l'assouvir et apaiser sa douleur lancinante, sourde ou bruyante, mais toujours présente.

Notre propos n'est pas manichéen. Il n'est pas question de penser l'enfance dans une bipolarité : heureuse/malheureuse, mais plutôt comme un mélange de délices et d'infortunes !

L'Enfant de chacun des partenaires est totalement présent dans la rencontre amoureuse : « Je me suis sentie sécurisée par son regard, enveloppée dans une doudoune », dira une patiente lors d'une séance de travail. « Elle dégageait quelque chose de généreux, d'oblatif. C'est sûr, elle allait me donner ce que j'espérais depuis si longtemps », énoncera un autre participant. L'Enfant « s'accroche » inconsciemment à ce qu'il repère chez l'autre partenaire, comme susceptible de répondre à ses attentes archaïques. Quand le couple se forme, chacun attend de l'autre qu'il remplisse sa « mission de soins ». Ce n'est que le prélude !

Au moment où les partenaires s'installent ensemble sous le même toit, les modèles de couples, observés dans la maison familiale, s'engouffrent et s'imposent sans y être invités.

De quoi ces modèles sont-ils faits ?

Certains enfants voient leurs parents, rire, chanter, se faire des bisous, danser, pleurer, s'enthousiasmer, avoir du plaisir ensemble, bricoler avec joie, se reposer, ne rien faire, inviter des amis…

Alors plus tard, à l'âge adulte, l'Enfant construit un couple avec de bons modèles initiaux.

D'autres enfants, à l'intérieur de la maison, observent des parents qui crient, règlent des comptes, boudent, se font la tête. Ils sont froids dans leurs relations, réduites à l'aspect matériel du quotidien. La tendresse, la complicité, la sollicitude, le respect, la joie et la légèreté ne les habitent pas. Du moins tant qu'ils sont dedans ! Au-dehors, ou séparément, en vacances ou avec leurs copains, ils peuvent être méconnaissables, attentifs aux autres, souriants, détendus, farceurs… Ce sont ces attitudes antagonistes qui serviront de modèles.

La plupart du temps, notre toit familial ne nous a pas fourni une bonne boîte à outils pour construire le bonheur actuel et futur de notre couple. Nous sommes mal préparés au plaisir et à la joie du foyer conjugal.

Les difficultés présentes de notre union se renforcent par le fait que notre partenaire n'a pas eu les mêmes modèles, n'a pas été l'objet des mêmes apprentissages. Quelle que soit la force de notre rencontre amoureuse, il nous faudra assainir, chacun et à deux, le conduit de « la cheminée » de notre toit familial. Et ceci au fur et à mesure des années, de manière à ce que la maison intérieure du couple que nous formons devienne de plus en plus celle dont nous rêvons tous les deux.

➤ Et vous, lecteur, quelle est l'atmosphère dans votre maison ?
Comment y contribuez-vous ?
Existe-t-il une différence entre votre humeur du « dedans » et votre humeur du « dehors » ? Êtes-vous le ou la même ?
Et votre duo, est-il différent dans le quotidien et dans les sorties ?

Au cours de sa croissance, l'enfant traverse différentes étapes de développement. Dans la symbiose avec ses parents, le bébé vit une dépendance physique et affective réelle. Si cette relation le comble, dans ses besoins d'amour et de protection, les adultes référents sont alors vécus comme des bases de sécurité. Elles sont indispensables pour grandir en confiance et harmonieusement.

L'enfant s'individualise très tôt. Il rencontre les étapes de la contre-dépendance et de l'indépendance, au cours desquelles il dit « non » et s'affirme avec « je ». Régulièrement, à l'occasion de ses oppositions et de ses déterminations, il renouvelle son attachement aux figures parentales. Petit à petit, il réussit à atteindre la constance émotionnelle : non seulement, il se sent aimé inconditionnellement pour ce qu'il est, mais il accepte les félicitations et les critiques pour ce qu'il fait. Ce passage à l'interdépendance, avec les êtres qui l'entourent, est vital pour son devenir.

Vers trois ans, l'enfant commence de découvrir son identité, la différence et l'attirance des sexes. Avec le soutien de ses deux parents, il entame un deuil long et douloureux : celui de « posséder » le parent du sexe opposé. Il intègre alors l'appartenance : il est issu de l'union de ses deux parents.

Au cours de son évolution, le couple amoureux traverse toutes ces étapes de l'enfance et les recycle, en forme de boucles. Ces remaniements s'effectuent tout au long de son parcours, si la cote d'amour est présente et si les liens physiques, psychiques et affectifs y sont permanents.

Mais beaucoup de couples, inconsciemment et involontairement, fixent leur trajectoire sur une des étapes de la dépendance, de la contre-dépendance ou de l'indépendance. On ne parlera plus alors d'étapes, mais de stades. Le couple se débat ou s'enlise dans un de ces trois stades : la dépendance aliénante, la contre-dépendance maladive ou l'indépendance extrême et sur les montées inquiétantes sur la cote d'alerte.

Après la rencontre, une période fusionnelle plus ou moins longue, au cours de laquelle nous ne faisons qu'un avec notre partenaire (ne dit-on pas d'ailleurs « ma Moitié » ?) est saine et indispensable à la construction du lien amoureux.

Chaque partenaire actualise, dans son couple naissant, une fixation relationnelle aux figures parentales, répétitive de son scénario. Celui ou celle que nous avons « choisi(e) » n'est pas autre chose que la personnification actuelle d'un membre de notre famille, avec lequel, dans les tout premiers attachements de la vie, nous avons tissé un lien de dépendance affective. Ce lien n'est pas toujours une empreinte sécurisante dans la construction de laquelle nous nous sommes senti(e) pour très longtemps aimé(e), aimable, digne d'être aimé(e).

Dans les périodes précoces de l'existence, des bosses et des chaos ont pu intervenir dans la vie familiale : hospitalisations, maladies, handicaps, décès, accidents, déménagements, séparations… L'attachement de l'enfant que nous étions s'est établi sur un mode d'insécurité et d'anxiété. C'est sans aucun doute la terreur (plus ou moins consciente) de l'abandon et de l'effondrement subséquent, qui ont développé en nous un besoin de relations excessives.

Je suis devenu « trop attaché ».

La plupart de nos relations affectives seront, par la suite, de nature fusionnelle, confusionnelle, enchevêtrée, indifférenciée. L'amour de l'autre, à l'âge adulte, sera un amour infantile et immature. Un amour pseudo-adulte, où la haine ne sera pas loin de l'amour, où le rejet ne sera pas loin de la capture. Nous aurons besoin des autres pour exister, pour nous construire une identité.

L'attachement sans sécurité, l'attachement angoissé, impriment un certain tempérament affectif, nous apprennent un style de liens amoureux, nous préparent à devenir un être très dépendant dans l'amour. Au sein du couple, cette dépendance se traduit sous la forme d'un besoin de réassurance constante et renouvelée de notre sentiment d'existence. Nous avons besoin que l'autre soit avec nous en permanence, nous appelle quinze fois par jour quand nos obligations nous éloignent, nous assure continuellement de son amour par des paroles et des gestes, qu'il comble nos besoins, qu'il les devine, qu'il s'occupe de nous exclusivement, que l'expression « Faire plaisir à l'autre » devienne un slogan prioritaire de notre vie à deux.

La symbolique de la présence dans l'absence est difficile pour ceux d'entre nous qui souffrent depuis les premiers stades de l'enfance d'un sentiment d'abandon. Ce sentiment nous fragilise dans nos relations. Si nous ne nous sentons pas importants, ni à nos propres yeux ni surtout pour l'autre, nous imaginons que nous ne comptons pas.

Le temps de la dépendance aliénante dépasse parfois sans limites les premiers mois de la rencontre amoureuse. Les partenaires revivent le stade premier de la relation fusionnelle à la mère ou à d'autres adultes importants et s'y agrippent. Ils se consacrent beaucoup trop de temps, vivent difficilement les moments de séparation, demandent exagérément la présence de l'autre.

Ils se sentent blessés à la moindre divergence de point de vue, perçue comme une atteinte à cette union étouffante. La peur de perdre l'autre les amène à se perdre eux-mêmes, en s'oubliant, en n'existant que pour l'autre.

Nous sommes, donc Je suis.
Je t'aime parce que j'ai besoin de Toi.
Je t'aime parce que je suis aimé de Toi.
Je me fonds dans la relation et je me confonds avec elle.

La sexualité, suivant les cas, peut être vécue avec fréquence et intensité ou au contraire n'avoir aucune réalité. La qualité et la quantité des rapports sexuels ne sont pas des indicateurs de la bonne santé du couple. Ils peuvent même cacher aux intéressés les aspects symbiotiques de leur relation.

En dehors de la relation, les partenaires sont pour eux-mêmes des laissés-pour-compte. Ils disent d'ailleurs : « Sans toi, je ne compte pas. Je ne sais pas quoi faire de moi. » « Si je ne t'avais pas rencontré(e), je ne sais pas ce que je serais devenu(e). » L'autre devient la seule base sécurité. Sa présence est une drogue. Quand les partenaires en sont privés, c'est le manque !

➤ Dans la dépendance aliénante, le « Moi » est menotté à l'autre. Il est phagocyté. Ne vous oubliez pas en route. Soyez heureux à l'intérieur de vous-mêmes. C'est une condition essentielle, pour rendre l'autre heureux. Le bonheur de l'autre, le bonheur avec l'autre, dépendent étroitement de l'amour que vous vous portez.

Au fur et à mesure, l'illusion amoureuse des premiers temps progresse vers la désillusion, c'est-à-dire la prise en compte de l'objet d'amour réel qu'est l'autre. Cette désillusion pourrait être bénéfique et amener un remaniement des relations vers l'interdépendance. Or ce n'est pas cette saine désillusion qui atteint l'un des partenaires, mais bien plutôt la déception et l'amertume : « L'autre n'est effectivement pas celui que je croyais. J'ai été trompé sur ce qu'il me faisait miroiter. » La conséquence ne va pas se faire attendre : c'est la rébellion qui se rejoue sur le modèle de l'opposition des enfants entre dix-huit mois et trois ans, ou à l'adolescence. Un des partenaires se révolte, commence à agiter le joug qui l'enchaîne, prend conscience de l'écrasement de ses besoins, se sent bloqué, étouffé, frustré. C'est d'abord sous la forme d'une mutinerie intérieure, puis de protestations et d'accusations auprès de l'autre. Le couple vit d'intenses conflits. Parfois, c'est dans le silence qu'on s'écarte et qu'on s'éloigne. Fuir dans un ailleurs devient une nécessité. On s'engage alors de préférence dans ce que l'autre ne reconnaît pas chez nous comme valable, condamne ou n'apprécie pas. On choisit un territoire qui nous est propre, hors du couple : une activité professionnelle prenante dont l'autre est écarté, une adhésion militante, sociale, sportive ou politique désapprouvée par le conjoint, une liaison extra-conjugale. La sexualité dans le couple peut continuer d'exister ou s'appauvrir. Comme dans la dépendance affective, elle n'est toujours pas le baromètre de la force des liens. C'est le temps de la contre-dépendance maladive.

Il s'agit de délimiter les frontières du Moi.
Je te dis NON !
C'est le stade du MOI sans TOI et même contre TOI !
Je m'oppose à Toi, donc Je suis.

C'est une forme inversée de la dépendance puisqu'il s'agit de se démarquer de l'autre, à travers l'accusation, l'opposition, l'hostilité, le rejet, sans véritable liberté individuelle.

Cette étape de la contre-dépendance maladive se poursuit souvent par l'indépendance extrême.

L'énergie n'est plus investie dans la relation de couple. L'indépendance extrême est une phase narcissique, où chacun renforce ses défenses. On vit les situations, seul, pour soi, souvent de manière égocentrique. On se préoccupe surtout ou exclusivement de ses besoins, de ses goûts, de ses affinités et on ne craint pas d'agir comme on l'entend. On n'est ni avec ni contre son conjoint. On est solitaire. La sexualité, quand elle continue d'être présente, se réalise dans l'indifférence de la décharge, orgastique ou non.

Chacun se centre sur lui-même, se prend en charge, se sent compétent tout seul, de manière individualiste et séparée de l'autre. Il s'agit de se démarquer, de se mettre en retrait du couple. C'est souvent le moment où on adopte un autre style de vie : déménagement dans un home à soi, changement de métier sans consultation à deux, modification du « look » physique ou vestimentaire, recherche d'amis personnels bien à soi, adoption d'autres rythmes de vie…

Je me coupe de TOI.
C'est le stade du MOI et MOI et MOI…
Je n'ai pas besoin de Toi
et Je me débrouille très bien tout seul.

L'histoire du couple formé par le grand musicien Gustav Mahler et sa femme Alma nous aide à mieux comprendre les trois étapes du processus de survie d'une union : la dépendance aliénante, la contre-dépendance maladive, l'indépendance extrême.

Dès les fiançailles, les attentes et les exigences immodérées d'attention, de temps, de disponibilité sont clairement tracées par le futur époux à sa promise : « Tu dois te donner à moi sans conditions, tu dois soumettre ta vie future à mes besoins et ne rien désirer que mon amour… Désormais, ta musique, c'est la mienne. » Nous sommes alors en 1902, à l'aube du XXe *siècle, à une époque où la femme n'a souvent pour seule profession que d'être l'épouse de son mari,* a fortiori *si ce mari est illustre. De surcroît, cette relation d'emprise est favorisée par la différence d'âge qui sépare Gustav d'Alma : il a dix-neuf ans de plus qu'elle, soit une génération. Signalons que cette jeune fille est elle-même une musicienne talentueuse. Son mariage avec Gustav met fin momentanément à sa passion de créations musicales, car le mari juge qu'« un ménage de compositeurs serait ridicule ». Alma devient alors celle qui « supporte » le génie de son mari.*

Après bien des années de soumission et de dépendance, durant lesquelles elle s'est consacrée à la transcription des œuvres de son mari et aux soins maternels auprès des enfants du couple, Alma commence à se révolter. C'est le début d'un long chemin de contre-dépendance. Elle exprime sa rébellion : « Souvent, j'ai l'impression qu'on m'a coupé les ailes. Gustav, pourquoi moi, l'oiseau ivre de vols et de coloris éclatants, m'as-tu enchaînée ici, alors qu'une oie blanche eût si bien fait ton affaire ? » Gustav, peu sensible à l'évolution de sa femme, répond : « Tu es une oie ! » Il est aisé d'imaginer que cette discordance – pas seulement musicale – sonne déjà comme une montée inévitable sur la cote d'alerte pour les deux époux.

Alma Mahler sort de l'enfermement conjugal et de la dépression dans laquelle l'a plongée la mort de son enfant. C'est pour elle l'étape de l'indépendance, au cours de laquelle elle vit une forte passion amoureuse. Celle-ci comble une partie des privations accumulées dans son couple. Alma pense enfin à elle prioritairement et redonne une place privilégiée à sa musique.

C'est le moment que « choisit » Gustav, pour inverser la dépendance initiale. Maintenant que sa femme s'est détournée de lui, il devient « l'enfant malade » et dominé par une Alma déifiée. La partition du couple s'écrit alors à l'envers de ce qu'elle était initialement.

Ce fragment d'histoire de couple est édifiant. Gustav et Alma, dès l'aube de leur union, ont tissé des liens pathogènes. Ils ont vécu, durant des années, les cycles de la survie du couple, avec des rôles alternatifs de persécuteur et de victime.

➤ Vous l'avez compris : les principaux obstacles à l'entente dans le couple… C'est le couple lui-même, en raison des ingrédients mortifères de l'histoire individuelle que chacun y apporte.

Quand le couple ne s'est pas enlisé dans les étapes de survie, qu'il a pu et su les traverser avec succès, il s'achemine vers l'interdépendance.

Peu à peu, chacun de nous s'individualise, pose des actes autonomes qui nous éloignent l'un de l'autre momentanément. Les expériences successives de distanciation suivies de rapprochements sont possibles et bien vécues, si elles s'accompagnent de sécurité affective intérieure, de confiance et de constance émotionnelle, l'un vis-à-vis de l'autre. « Il ou elle n'est pas près de moi, c'est-à-dire à mes côtés et cependant, nous sommes ensemble. » La symbolique de la présence et de l'absence est une donnée forte dans le couple.

➤ Cet Autre que vous aimez, est-il présent ou non en vous, quand il est physiquement absent ? Est-ce que vous pouvez le faire exister en vous, malgré l'éloignement géographique et temporel ? Pensez-vous qu'il vous donne une existence unique quand vous êtes loin de lui (ou elle) ?

Les partenaires du couple ont un besoin puissant de cette permanence. C'est une des conditions du bonheur à deux. Dans le couple nous avons besoin d'être sûrs que nous sommes uniques et que nous ne faisons pas partie d'une liste d'intérêts de notre conjoint, avec une place mineure ou secondaire. Cette liste ne se résume pas seulement à des partenaires amoureux ou sexuels. Nous pouvons prendre ombrage de « rivaux symboliques », quand ils sont trop prioritaires dans la vie de l'autre : l'investissement professionnel qui l'accapare, la belle-famille trop présente dans sa vie et la nôtre, le sport qu'il pratique le dimanche coûte que coûte, son meilleur ami à qui il consacre spontanément ses moments disponibles, son militantisme qui prend des allures d'envahisseur…

Être la personne la plus importante aux yeux et dans le cœur de l'autre, être soi dans et en dehors du couple, se sentir appartenir à cette dyade, constituent les fondements durables des relations dans le système du couple. L'attachement se construit lentement. On s'imprègne de l'autre. C'est l'avènement et la permanence du NOUS = MOI avec TOI.

Dans l'interdépendance, les partenaires s'offrent la capacité de donner et de recevoir, d'être responsables de leurs besoins et attentifs à ceux de l'autre, de demander de l'aide et de secourir. On peut sans danger, suivant les moments, se montrer forts ou vulnérables, courageux ou affectés, manifester ses besoins et prendre l'autre en charge.

Je m'accepte. J'accepte de transformer l'image de l'autre qui était en moi (tel que je voulais qu'il soit), et de l'aimer tel qu'il est, pour lui.

Je renonce à te voir comme je voulais que tu sois.

Je fais des choix. Je peux te dire OUI. Je peux te dire NON. Je peux te dire oui avec des modalités ou des réserves. Je vis dans le consensus, la complémentarité, l'échange, la synergie. J'évolue et je m'assouplis : je peux vivre la contradiction, le paradoxe, la frustration, sans que mon état intérieur soit menacé.

Chacun est et se sent une personne à part entière. La fonction du couple, au travers de l'amour, est de favoriser la personnalisation de chacun. Les relations s'établissent et se maintiennent sur un pied d'égalité. Elles ne sont ni trop lâches ni trop serrées. On a trouvé la bonne distance. L'intimité s'accroît.

Le bonheur du couple s'apprend et se prend. Il existe. Chacun de nous le porte en soi. C'est comme une mélodie, où la partition de chacun concourt à la réalisation du tout.

Des affinités de la rencontre, au dialogue du quotidien

Sylvie et Mathieu se rencontrent dans une soirée festive organisée par des amis. Ils se plaisent instantanément, dansent ensemble une bonne partie de la nuit, flirtent, deviennent amants et décident le lendemain même de vivre à deux.

L'attraction sexuelle éprouvée par Mathieu et Sylvie est réciproque. Elle se situe au carrefour des niveaux conscient : « Il, Elle me plaît » et inconscient : « Je me sens attiré par lui, par elle, et je ne sais pas trop sur quels signes se base cette attirance. J'aime son odeur, je raffole de sa peau satinée... » Ils sont fascinés, éblouis, incapables de détacher leurs yeux l'un de l'autre et de passer leur chemin. À ce moment de la rencontre, comment se présentent-ils l'un à l'autre ?

Sylvie est une femme épanouie dans bien des domaines : professionnel, amical, familial. Elle perçoit chez Mathieu qu'il apportera dans sa vie le côté plaisir, complicité, intimité, sexualité... dont elle a cruellement manqué dans son couple précédent. Son Enfant intérieur se réjouit de ce que Mathieu va lui procurer.

Elle désire un compagnon qui la fasse rire, l'emmène danser, introduise de la légèreté dans sa vie.

Elle attend cela depuis toujours. Elle en perçoit les signes apparents chez Mathieu.

Mathieu émerge à peine d'une liaison amoureuse longue de plusieurs années. Cette relation s'est mal terminée. Il y a perdu maison, argent et travail. Il survit comme un oiseau sur une branche, toujours prêt à tomber. Sa situation à plus d'un titre est précaire. Il s'en ouvre à Sylvie sous la forme de confidences, d'autant plus facilement qu'elle montre beaucoup de sollicitude en l'écoutant.

Mais les Enfants intérieurs sont tapis dans le souterrain de la rencontre.

Mathieu est un enfant meurtri. Il a été traumatisé par sa mère, elle-même privée d'amour dans son enfance. Dans la rencontre avec Sylvie, ce passé d'enfant malheureux attend en silence une vraie réparation, auprès de cette femme aimante, acceptante et si peu « rabat-joie ». Enfant, il a survécu en s'empêchant de ressentir ses douleurs, mais il est devenu un adulte rebelle, peu sociable, renfermé sur lui-même, secret. Sylvie le découvrira au fil des mois et des années.

Sylvie est la seconde d'une fratrie de quatre filles. La naissance de la première petite fille, handicapée mentale, a bouleversé la vie familiale : son père a réfugié sa douleur dans son travail de cultivateur, sa mère a sombré dans une dépression chronique. Sylvie est devenue, par l'enchaînement des événements, le chef de file de la famille, celle qui prend les autres en charge sans se plaindre, qui se sacrifie souvent et ne pense pas à elle-même. Elle est donc touchée par l'enfance de Mathieu.

Les premiers mois du couple sont placés sous le signe de la lune de miel, de l'entente parfaite, de la fusion et du bonheur.

Sylvie et Mathieu se vivent comme des adultes, c'est une réalité en termes d'âge, mais ils sont, sans le percevoir, revenus à un état d'enfant comblé. Leur couple s'apparente à une enveloppe qui contient les deux partenaires réunis dans une unité sans faille.

> Avant la rencontre, nous étions deux. Dans la fusion du couple on est un !

Ils vivent dans cette bulle et la symbiose les satisfait, au point de gommer ce qui pourrait les différencier l'un de l'autre et qui porterait ombrage à cette matrice originelle. Au tableau de cette pastorale intense et souhaitable : ils ne respirent que l'un par l'autre, pensent les mêmes choses au même moment, ont des goûts identiques. Leurs corps à l'unisson n'aspirent qu'à la perpétuation de cette plénitude...

> Au cours des prémices du couple, la priorité est donnée à la communion des êtres. Cette période constitue le ferment de l'union. Plus tard, dans les montées sur la cote d'alerte, les deux partenaires pourront évoquer cette époque, pour rester dans le lien ou le retrouver.

La romance de Sylvie et Mathieu rend difficile le déchiffrement réciproque de la personnalité de chacun. Les deux amoureux minimisent ou même évincent le sens de leurs différences. Dans la poursuite de cet accord parfait, les informations, les indicateurs concernant les problèmes à venir, sont présents. Mais ils ne s'y attardent pas.

Les premiers temps de l'union sont vraiment prometteurs : Sylvie et Mathieu rient et sortent beaucoup ensemble. Leurs fins de semaine sont ponctuées par des invitations chez des amis, de fréquentes escapades festives à Ostende, Lisbonne, Copenhague... Toutes les occasions sont bonnes pour aller danser, faire la fête, se distraire et surtout s'aimer à deux. Chacun imagine, à travers ces plaisirs, la pérennité du couple. Au fil de ces mois idylliques, les Enfants intérieurs de Sylvie et Mathieu sont nourris, se régénèrent et se reconstruisent. Ce qui est vital dans l'évolution de chacun et du couple.

Ils n'évoquent jamais les sujets gênants, comme par exemple l'existence de Pauline, la fille de Mathieu...

Comment l'introduction d'un tiers déstabilise l'équilibre du couple

La première alerte dans le couple survient quand Mathieu demande à Sylvie d'accueillir Pauline. Celle-ci a quatorze ans. Sa mère ne peut plus gérer ses actes délinquants : fugues, rackets au collège, vols dans les magasins... Mathieu est d'accord pour assumer la garde de sa fille.

Il méconnaît totalement l'ampleur des difficultés. Il ignore les dangers encourus par son couple, en raison de la présence permanente et perturbatrice de ce tiers difficile. Il n'anticipe pas la fragilisation de l'unité du couple, ni la précarisation de l'équilibre de chacun des partenaires. Dans son for intérieur, il est convaincu que Sylvie saura encadrer Pauline avec fermeté, patience, compréhension et souplesse. Il attend une attitude « miraculeuse » de sa compagne.

➤ Soyez vigilants à construire votre couple. Donnez-lui de l'attention et de l'énergie pour grandir et se fortifier en permanence. Le couple doit continuer d'exister avec la venue des enfants, l'acquisition d'une maison, les charges professionnelles croissantes... et non s'effacer au profit de vos responsabilités.

Et Sylvie, pourquoi dit-elle « Oui » à cette demande brusque et déconcertante de Mathieu ? Depuis l'enfance, elle sait affronter les situations difficiles. Sans doute, aussi, est-elle flattée dans son orgueil de réussir là où une autre femme a échoué. Mais plus encore, par crainte inconsciente d'une rupture, elle ne s'autorise pas à dire « Non » à cet homme. Elle cherche à se persuader : l'harmonie est solide entre eux, elle vaincra tous les accrocs. Sylvie, elle aussi, minimise la charge menaçante que sera la venue de Pauline dans le jeune foyer.

➤ Lorsqu'un problème se pose, mettez votre énergie au service du dialogue, pas du silence !

Regardons ensemble comment Sylvie et Mathieu pourraient anticiper la venue de Pauline, dans le dialogue et la négociation, sans mettre en péril leur jeune couple.

L'obligation pour Mathieu d'assumer son rôle de père et la prise en compte de cet état de fait par Sylvie sont une réalité non négociable.

En revanche, ce qui est négociable s'organise autour de plusieurs pôles : le moment où Pauline viendra vivre au foyer, la durée de son séjour, le temps que Mathieu lui consacrera, ainsi que pour Sylvie son investissement affectif de seconde maman dans les tâches éducatives destinées à l'adolescente... Le couple pourrait réfléchir à l'avance aux contrats possibles à passer avec Pauline, pour un bon déroulement de la vie quotidienne.

Enfin, un troisième axe s'inscrit dans une enveloppe de liberté : c'est la zone d'entière latitude pour chacun des membres. Par exemple la manière dont Pauline agencera sa chambre à coucher, les sorties que Mathieu entreprendra avec sa fille, les activités proposées par Sylvie...

Dans le respect de ses besoins, Sylvie pourrait donner à entendre à Mathieu : « Je comprends ta demande au vu de ce que tu connais de moi. Je pense à nous, à moi, à Pauline. Je ne me vois pas du tout accueillir ton enfant maintenant. Je travaille beaucoup. J'aurais trop peu de temps à lui consacrer. »

Mathieu, suite au refus de Sylvie, pourrait argumenter : « Je t'ai observée tant de fois dialoguer avec ta famille, la mienne, nos amis, les voisins : tu écoutes, tu prends en compte, tu négocies, tu proposes souvent des pistes adéquates. Je suis intimement convaincu que j'apprendrais beaucoup auprès de toi de mon rôle de père. Celui-ci allégerait la tâche parentale qui te paraît si lourde. D'ailleurs, nous allons encore discuter les points qui t'inquiètent : lequel d'entre nous accompagnera Pauline au collège et à ses différentes activités ? Qui prendra en charge le suivi des devoirs ? Quelles sorties pourrons-nous envisager elle et moi, elle avec toi, ou encore avec nous deux ? Et bien d'autres choses qui apparaîtront dans le déroulement des jours à venir. »

Chacun, conscient des préoccupations de la vie parentale, se sentirait concerné. Le couple réfléchirait encore aux modalités visant à satisfaire les trois membres de cette famille. S'ouvrirait alors pour Sylvie et Mathieu un dialogue sans *a priori*, où chacun n'a pas de solutions figées mais une ouverture à de possibles options.

➤ Ne fuyez pas le conflit. Apprenez à y entrer, à le gérer à deux, à en sortir.

Sylvie et Mathieu ne discutent pas. Elle dit « Oui », à contrecœur, et fait taire le « Non » intérieur. Il est soulagé par son accord. Il le met sur le compte de sa générosité et de son amour pour lui. Conformément à ce qui était prévisible, les difficultés commencent dès l'arrivée de l'adolescente. Tout est source de conflits entre les adultes et Pauline : la télévision, l'heure et la nature des repas, la propreté corporelle, le désordre ambiant et généralisé de sa chambre, la durée des sorties, les fréquentations, l'indigence du travail scolaire... C'est principalement à Sylvie qu'incombent la quotidienneté et le règlement de tous ces problèmes. Mathieu, après l'arrivée de Pauline, s'éclipse dès qu'il le peut et Sylvie, qui reste seule avec l'adolescente, ne tire pas la sonnette d'alarme. Dans les premiers temps, elle ronge son frein et se culpabilise de manquer de patience. Puis les attitudes de Pauline heurtent trop ses valeurs éducatives. Bientôt elle sort de ses gonds, gifle brutalement l'adolescente, se démoralise et se lamente de son impuissance auprès de Mathieu. Sans succès. Celui-ci est navré, pense et dit que tout va s'arranger avec un peu de temps, pour peu que chacune y mette du sien !

Il faut voir, dans le déni de Mathieu, son impossibilité à regarder de manière réaliste ce qui fait conflit. Il est lui-même profondément affecté de ce qui survient entre Pauline et Sylvie, mais n'a pas appris à affronter les crises. Dire à Sylvie, qu'avec un peu de bonne volonté, la situation va s'arranger, c'est méconnaître de quoi sont faits les échecs réitérés.

La plainte d'un partenaire dans le couple est contagieuse et provoque souvent une surenchère dans les échanges. C'est une pente inquiétante, dans la mesure où, tandis que s'amplifient les plaintes, chacun déprime et se sent accablé. La paralysie de l'écoute réciproque n'est pas loin.

« Tu ne m'entends pas ! » « Et toi ? Tu ne fais même pas un effort pour prendre en considération ce que je te dis ! »

D'échec en échec, Sylvie ignore sa colère étouffée, sa peur, sa tristesse. Face aux rébellions de Pauline et à la fuite du dialogue de Mathieu, elle se sent impuissante.

Une attitude positive de sa part consisterait à identifier ses sentiments, les prendre en compte pour reconsidérer ses contrariétés, les partager avec Mathieu, aborder les différentes étapes des ennuis rencontrés et les virages à amorcer dans l'intérêt du trio. Elle non plus ne sait pas s'exprimer dans les crises.

Plusieurs scènes auraient pu être évitées, si Sylvie et Mathieu avaient su établir du lien avec l'adolescente : des moments de dialogues vrais avec Pauline, sollicitée pour exprimer ses désaccords, ses frustrations, ses besoins…

La présence, l'écoute, l'attention sincère et juste qui « disent » toute l'affection, la tendresse, l'amour, auraient amorcé des échanges constructifs.

> L'expression régulière du lien avec nos enfants, verbal et corporel est le vecteur direct du cœur. Il est un des plus sûrs moyens d'éviter la violence.

Le couple de Sylvie et Mathieu reste apparemment soudé quelque temps. Mais les conflits ne manquent pas. Finalement, en catastrophe, après une scène particulièrement violente, Sylvie et Mathieu renvoient Pauline à sa mère. Ce qui ressemble à une décision n'est en fait qu'un coup de tête sans préparation, une capitulation dommageable. Le couple n'en mesure pas encore les effets !

Après le départ de l'adolescente, la cote d'alerte diminue, mais la joie, la légèreté, les plaisirs ne sont plus au rendez-vous. Les attentes et les espoirs de chacun ont été fortement déçus. Personne ne les aborde. Ils vont pourtant effriter insidieusement la cohésion du couple. Pour Sylvie, l'expérience ratée augmente ses sentiments d'incapacité et de colère. Quant à Mathieu, la rancune sourde et la vengeance à venir mûrissent intérieurement.

Le silence sur les échecs respectifs s'installe en lieu et place d'un indispensable dialogue.

➤ La non manifestation de la colère, sa non adéquation concourent un beau jour à vous faire « sortir de vos gonds ». Le moment « choisi » ne sera alors que l'occasion, le prétexte, le verrou de la porte qui saute. Mais tout viendra : le chambranle, le pêne, la poignée... Vous ne serez plus alors dans *l'ici et maintenant*, mais dans l'effraction intempestive des blessures accumulées et du passé ravivé.

Des échanges auraient clarifié les déceptions, mis des mots sur les sentiments éprouvés, permis que chacun exprime à l'autre son désenchantement, ses désillusions. Sylvie et Mathieu, grâce au partage émotionnel authentique et verbal de leurs ressentis, se seraient donné les moyens, chacun et ensemble, d'aborder leurs deuils : celui d'un couple sans nuage et celui de la réussite en tant que parents auprès de Pauline.

Si douloureuse que soit cette épreuve vécue par Sylvie et Mathieu, elle n'en demeurerait pas moins une leçon de vie, dans laquelle chacun apprendrait beaucoup sur lui-même, sur l'autre, sur le couple et la famille. Cette expérience permettrait de renforcer la cote d'amour.

> Maintenir les liens d'amour du couple est possible et réaliste, car qui dit échecs de la vie ne dit pas échec du couple. Le couple initial se transforme en un couple différent avec et malgré les crises.

Des silences à la séparation

Dans leur vécu de tous les jours, Mathieu et Sylvie enterrent l'épisode Pauline et n'en reparlent plus du tout. Ils poursuivent dans leur for intérieur le tête-à-tête Moi/Toi, pour former un couple imaginaire. Sylvie se raconte une histoire rassurante : « C'est un mauvais moment à passer, le départ de Pauline est un semi-échec, pas vraiment une conclusion négative. Et puis, nous en sommes sortis indemnes. J'aime toujours Mathieu, il m'aime autant qu'avant. L'orage est passé ! Nous allons continuer de nous adorer, d'ailleurs je suis suffisamment importante pour que Mathieu ne soit pas affecté outre mesure par ses contrariétés. » Elle se tient des propos intérieurs lénifiants et se persuade de ce qu'elle échafaude, au lieu de s'en ouvrir à Mathieu dans le but de les vérifier et de reprendre une à une les phases de la montée sur la cote d'alerte.

Mathieu rumine sa déception. Il est tombé de haut et s'interroge sur les intentions cachées de Sylvie à faire échouer l'évolution du couple en famille avec sa fille. De la rancune à la vengeance, il n'y a qu'un pas, que Mathieu va franchir dans des pensées silencieuses : « Moi, j'ai été ton homme, ton bel amant, et toi en retour tu ne m'as pas donné ce complément de bonne mère que j'attendais pour Pauline. Tu ne devais pas me blesser. Tu n'aurais pas dû me jouer ce mauvais tour et faire ensuite comme si cet échec n'avait pas de répercussion sur notre amour. Je trouverai ailleurs de quoi me consoler ! »

➤ Remettez les pendules à l'heure, chaque fois que la régulation du couple est nécessaire. Ne remplissez pas des tombereaux de rancunes. Quand ils seront trop pleins, ils se renverseront. Vous serez tentés de les déverser sur l'autre, le couple et vous ; anéantissant, submergeant alors ce que vous ne saurez plus préserver : *la relation et le dialogue.*

À ce stade de son éloignement, Mathieu aurait pu modifier le dénouement désastreux du couple, en exprimant à sa compagne la gravité de son ressenti et le crescendo de son désir de vengeance. La confrontation douloureuse aurait enrayé le processus de détachement, mis en évidence chacune des erreurs passées et débouché sur une tout autre décision.

Il n'en est pas ainsi et Mathieu s'engage durablement dans de nombreuses conquêtes amoureuses plus ou moins éphémères, qui ne lui apportent en rien la réparation attendue. Chacun, au sein du couple, poursuit sa route. Mathieu donne le change. Il continue d'être un amant et un compagnon présent pour Sylvie. Il participe à des projets avec elle, ce qui la rassure. Ils mènent une existence sociale et festive acceptable, aux apparences trompeuses. Sylvie, de son côté, s'active et vit dans l'illusion d'un couple harmonieux. Elle est à mille lieues de la vie parallèle de Mathieu et en ignore les indices : retards le soir, pannes de voiture responsables de rendez-vous manqués entre eux, défaillances sexuelles attribuées un peu vite à la fatigue et au stress, fins de semaine où Mathieu doit impérativement se rendre à des colloques professionnels et silences inexplicables au bout du fil quand elle décroche le téléphone…

Le couple se dispute peu et passe aux yeux de l'entourage pour une union sans histoire.

Au cours d'un de ses déplacements, Mathieu fait la connaissance d'une autre femme, rencontre qui va devenir pour lui l'occasion de revivre les premiers temps amoureux avec Sylvie. La liaison devient suffisamment forte pour que Mathieu décide de quitter la maison. Il fait part à Sylvie de son désir de rupture et de son départ imminent. Cette annonce confronte brutalement Sylvie à la réalité qu'elle méconnaissait jusque-là.

La scène du « parler vrai » qui suit est quasiment la première dans toute l'histoire de ce couple. Mathieu et Sylvie échangent enfin, montrent leurs sentiments, s'expriment avec sincérité. Mathieu rappelle l'épisode Pauline et l'abîme de déception dans laquelle l'a plongé l'échec de Sylvie. Il justifie ses propres tentatives de survie au travers de son errance amoureuse. « Je n'ai pas su te montrer ma douleur. Le silence entre nous me pesait. À certains moments, je souhaitais que tu m'interroges sur les signes de mon éloignement et que tu me presses de m'expliquer. » Sylvie admet qu'elle a été crédule et égocentrique, qu'elle a fait preuve de candeur. « J'avais une confiance aveugle dans la solidité de notre couple. Je pensais que tes sentiments à mon égard resteraient intacts malgré les avanies traversées. Et puis aussi, je me croyais très forte, toute-puissante, capable de vaincre avec toi et même toute seule, les obstacles. »

Ce dialogue, cette franchise tardive entre Sylvie et Mathieu sont insuffisants. Il aurait fallu : évoquer longuement ce qui a fait monter le couple sur la cote d'alerte et qui ne s'est pas exprimé autrement que dans le monologue intérieur et solitaire de chacun ; revisiter ensemble, par la parole et les affects, les années passées et les zones sensibles évitées ; s'interroger sur les besoins et les désirs de chacun au sein du couple.

Sylvie n'est pas prête à se séparer. Elle insiste auprès de Mathieu pour qu'un tiers les aide à traverser ce moment difficile. Mathieu refuse, car sa décision de partir est irrévocable : « C'est clair, notre couple est un échec. Mais je n'ai pas envie de rentrer dans des raccommodages. »

> L'échec est un outil de progrès. Il est là pour nous aider à améliorer nos façons d'être. Trop souvent, quand nous parlons d'échec, nous

programmons le défaitisme et l'impuissance. Nous planifions inconsciemment l'incapacité à mieux-faire et mieux-vivre. L'échec est expérience, source de vie et de renouvellement.

Nous rencontrons Sylvie après le départ de Mathieu. Au cours des séances de travail thérapeutique, Sylvie va peu à peu accepter le deuil de son couple. Elle prend conscience que Mathieu a calqué sa nouvelle histoire amoureuse sur les débuts de leur union. Elle mesure l'importance capitale du non-dit sur l'événement « Pauline » et les conséquences désastreuses du silence du couple. Elle réalise surtout le caractère utopique de sa conviction passée : à savoir qu'elle pouvait tout, à elle toute seule, y compris conduire le couple comme un cocher mène son attelage. Illusion de la toute-puissance !

Nous nommons « toute-puissance » cette certitude forgée dans la solitude et l'illusion. Elle n'est pas sans évoquer l'état de maître du monde qui habite le petit enfant, quand il marche et croit en son pouvoir de déplacer les astres en même temps que lui.

Sylvie contacte la colère envers les infidélités de Mathieu et l'exprime d'abord de manière hésitante. Puis, soutenue par les membres de son groupe de thérapie, elle accepte cette émotion qui monte en elle. Très déterminée, elle frappe sur un pouf. Son cri de colère s'adresse à Mathieu, absent ici, mais encore si présent en elle : « Tu devais me parler. Tu devais croire en moi, en nous. Je ne suis pas d'accord. Je veux que tu reviennes. Je te veux auprès de moi ! »

Au cours d'une autre séance, Sylvie tremble et partage avec nous la peur de se retrouver à nouveau seule. Puis, peu à peu, elle décide de guérir et de mieux comprendre tout un pan de sa vie à l'aide de cette rupture. Nous lui proposons de se remémorer les débuts de l'amour avec Mathieu, les bons moments, les joies, les sorties. Elle ressent, dans son cœur et tout son être, combien elle a aimé cet homme. De forts sanglots de chagrin l'étreignent, qui lui permettent de se réconcilier intérieurement avec elle-même et Mathieu. Elle se pardonne pour ce qu'elle n'a pas su apporter à Pauline. Un peu plus tard, nous lui proposons d'être le Mathieu qu'elle a aimé, de prendre sa place, de le laisser parler : « Pardon, Sylvie ! Tu ne méritais pas tout cela. » Sylvie s'adresse de nouveau à Mathieu par la pensée : « Tu sais, je crois que je peux rencontrer à présent un autre homme, qui aime rire, danser et fêter la vie. Merci pour ce soleil que tu as été dans mon existence. » Dans son corps, son cœur, son esprit, elle consent à l'éloignement de Mathieu. À sa manière, avec gratitude, elle lui dit « Merci et Adieu ».

Trois axes caractérisent la négociation dans un couple : le négociable, le non-négociable et l'enveloppe de liberté

La négociation dans un couple est un signe de bonne santé. Elle indique que les partenaires communiquent. Ils ont des points de vue personnels et les acceptent, à travers des différences parfois très significatives. Certains couples ne négocient pas. L'homme ou la femme prend les décisions, sans consulter l'autre, sans discussion possible. Le décisionnaire est considéré comme l'élément dominant. À première vue, il paraît écraser l'autre avec autorité et dictature. Or, dans un couple, depuis le début, on est deux ! Pour celui ou celle qui accepte la domination de son conjoint, une partition scénarique d'effacement devant la figure parentale se rejoue.

Dans notre expérience de thérapeutes, nous observons que, grâce aux discussions et aux décisions prises en commun sur des points importants, les couples évoluent vers les hauteurs de la cote d'amour. Ils s'initient au changement relationnel, s'écartent radicalement du « Tout ou rien » et du « C'est comme ça et pas autrement ! »

Les points non négociables dans le couple sont et doivent être peu nombreux. Ils concernent l'intégrité physique : refuser de frapper et d'être frappé. L'intégrité psychique, morale, émotionnelle et spirituelle des partenaires : respecter l'autre et refuser de donner ou de recevoir insultes, injures, ironies, sarcasmes... qui tuent l'âme.

➤ Dans votre couple, quand quelque chose n'est pas négociable, ne démissionnez pas. Ne vous en tenez pas à des protestations véhémentes, mais totalement inefficaces :

« Je ne supporte pas ! »... Car pourtant vous supportez !

« J'en ai plein le dos ! »... Car pourtant vous acceptez !

Dites : « Je refuse que tu m'insultes. Je veux que tu me parles avec des égards, du respect, de l'estime, comme je m'y emploie, même quand pour moi la coupe est pleine. Je te demande de t'excuser maintenant. J'ai besoin de ton engagement. Je sais que nous partageons les mêmes valeurs. Notre couple est capital. »

Prenez position : si quelque chose n'est pas négociable, définissez avec fermeté ce qui n'est pas acceptable pour vous. Dites-le et affirmez ce que vous voulez. Optez pour votre couple.

L'enveloppe de liberté recouvre ce que chacun veut personnellement et au sujet duquel le (la) partenaire n'a pas droit de regard ou d'ingérence. Vous aimez le cinéma d'Almodovar, l'autre pas ? Négociez le jour et l'heure, si nécessaire, mais donnez-vous les moyens de voir le film de votre choix ! Il ou elle veut pratiquer du tennis ? Peut-être faudra-t-il négocier le moment adéquat dans la vie familiale. Mais ne l'empêchez pas de rejoindre son court !

Le négociable est très large. Il vise des domaines

variés : les moments consacrés au couple, les attitudes par rapport aux enfants et le temps passé avec eux, la disponibilité envers la famille et les amis, le choix des lieux de vacances, de sorties, la gestion des finances, du ménage et des autres contraintes du quotidien, sans oublier la sexualité, les beaux-parents, le travail, l'aménagement de la maison…

Dans la vie relationnelle du couple, il est important de distinguer le compromis et la compromission. Le compromis est un accord, auquel les partenaires parviennent à l'issue d'ajustements et de concessions réciproques, un moyen terme entre deux positions. Dans la compromission, l'un des deux cède et renonce, parce qu'il se sent impuissant à se faire entendre et à argumenter.

Prenons un exemple.

Gaëtan est croyant, catholique pratiquant. Il va à la messe le dimanche, et n'envisage pas une autre voie pour ses enfants qu'une scolarisation dans une école confessionnelle. Amandine est athée, défend la laïcité, ne jure que par la communale.

Quelles options Amandine et Gaëtan ont-ils au moment où les enfants sont en âge d'être scolarisés ?

Ils peuvent se quereller et monter vers la cote d'alerte. Les esprits s'échauffent dangereusement. Leurs discussions prennent des allures de dialogues de sourds. Amandine crie. Gaëtan claque les portes. Les objets sont malmenés et les enfants rudoyés injustement. Au plus fort de la crise, Amandine abdique avec mauvaise grâce et pour avoir la paix : « Bon, d'accord ! Encore une fois je me fais avoir. Avec toi, de toute façon, c'est toujours pareil. Il faut en passer par ce que tu veux ! » Elle s'engage dans la compromission. Elle cède, mais range sa colère, sa frustration et sa rancune dans « son portefeuille relationnel ». Elle ne manquera pas de les extraire quand la solution adoptée malgré elle présentera des inconvénients. Mine de rien, elle attend son heure ! Elle jouera alors à un de ses jeux psychologiques favoris « Je te l'avais bien dit ! ». « Si tu m'avais écouté au départ, on n'en serait pas là ! »

Dans la cote d'amour, Amandine et Gaëtan prennent du temps pour dialoguer, échanger longuement, se montrer créatifs dans la recherche des solutions. « J'ai une idée, Gaëtan. Pourquoi pas d'abord une école dont les orientations s'appuient sur nos valeurs communes : cours Freinet, Montessori, Decroly, Steiner ? Cherchons déjà ce qui est près de chez nous. » « Peut-être, je veux bien y réfléchir, Amandine. Mais pour le secondaire, je tiens à un type d'établissement religieux où je sais que nos enfants, devenus adolescents, seront bien encadrés. » Elle : « OK et quand ils ne seront pas en classe, nos enfants fréquenteront le patronage laïc, tu es d'accord ? » Lui : « Oui, s'ils suivent les cours religieux de l'école et vont à la messe du dimanche, avec moi. » L'échange est à poursuivre.

Cette négociation dans le couple d'Amandine et Gaëtan aboutit à un compromis. Elle suppose la détermination des adultes à maintenir ou à rétablir le lien d'amour (quand il a été malmené, au cours des crises) et une polarisation prioritaire sur le but commun recherché (ici il s'agit d'assurer aux enfants de bonnes conditions d'évolution scolaire).

Le compromis conjugal est sain. Il tient compte d'une réalité évidente : nous ne sommes pas des clones l'un de l'autre. Nous sommes différents. Nous pensons, ressentons, réagissons de manière personnelle. Le compromis suppose un ou plusieurs pas vers l'autre, de céder du terrain, d'inventer des alternatives pragmatiques, de différer un temps des projets personnels pour accepter ceux de l'autre, de perdre un peu.

Le compromis n'est possible que sur la base de l'égalité et du respect de chacun des partenaires : « Je veux cela, et j'entends que toi, tu ne le veux pas. Tu y es opposé. Ce que tu veux est éloigné de ma propre conception et de mes valeurs. Nous avons donc à dialoguer pour avancer. »

Le compromis s'articule autour d'une double écoute de soi et de l'autre.

Écoute de soi, de ce qu'on désire, de ce dont on a besoin, pour continuer de nous sentir bien dans notre couple. Cette interrogation introspective est moins facile qu'il n'y paraît. Elle suppose d'être « décontaminée » des sentiments qui nous parasitent : colères, frustrations, rancunes et également d'une suradaptation à ce que veut l'autre.

Or d'aucuns parmi nous, pour survivre au sein de leur famille d'origine, ont appris à ignorer leurs besoins, leurs intuitions, leurs valeurs propres, leurs élans vitaux, pour se conformer aux volontés des grands, le plus souvent des parents, mais également des maîtres d'école, des leaders dans le groupe de copains… Afin de faire plaisir et de ne pas déplaire, dans le but existentiel d'être aimé, reconnu, considéré, ou tout simplement admis ou toléré.

Le chemin est long et laborieux parfois pour défricher ce domaine authentique de soi, embroussaillé des volontés d'autrui et découvrir notre Vrai Self [1].

Écoute de l'autre : dans notre couple, l'attention que nous devons apporter à notre partenaire requiert la même approche que pour soi.

Écouter et entendre nous semblent des mots-clés. Écouter avec notre système auditif, entendre avec notre cœur et notre capacité à accueillir la demande, la sollicitation de l'autre.

Ici, nous rencontrons des embûches liées à la personnalité des partenaires : si nous nous sommes construit(e)s dans la survie, il se peut que, pour nous maintenir au monde, il

1. Vrai Self : on doit cette notion au psychanalyste Winnicott. Le Vrai Self est le noyau vivant de la personne, le potentiel de vie, la source de spontanéité et d'authenticité. Winnicott le définit comme « un véritable sanctuaire, abritant un élément sacré, gardé comme le bien le plus précieux, isolé, en état de non communication avec le monde des objets perçus. Le Vrai Self est une communication silencieuse avec soi-même, qui n'est jamais influencée par la réalité extérieure ». En contraste, le Faux Self est une organisation psychique défensive, qui protège et dissimule le Vrai Self. Le Faux Self s'est construit pour survivre, dans des situations de carence de la toute petite enfance.

nous soit indispensable de gagner, d'être victorieux, de triompher dans diverses situations. Dominer, imposer notre jugement sur toutes choses, considérer notre point de vue comme seul valable. « J'ai raison ! » On détient la vérité. L'autre ne sait pas, ne sait rien... « En tout cas, moins que moi ! » On est le dictateur du couple. « C'est normal et ça se vérifie chaque fois ! » On tient là notre revanche... par rapport à notre passé.

Peut-être à l'opposé, dans cette enfance qui fut la nôtre, nous n'avons pas eu droit au chapitre. Nous n'avons pas pu dire autre chose que « oui » à ce qui nous était imposé. Nous n'avons pas réussi à entendre la petite voix intérieure de nos besoins. Il fallait être sage, ne pas se mettre en colère, se couler dans le moule.

Dans le dialogue et la cote d'amour, chacun est conscient que c'est la souplesse et la créativité qui seront les bonnes accompagnatrices du couple. Gaëtan et Amandine pourront alors argumenter davantage. Ou, considérer que le plus important n'est pas d'avoir le dernier mot, mais d'assurer aux enfants une bonne scolarité. Le meilleur établissement pourra alors être celui que l'autre préconise. Ce recul réaliste permet de se démettre de son projet personnel et d'adopter celui de l'autre. Dans cette situation, celui des deux partenaires qui renonce se sent quand même en accord avec lui-même. En raison des aspects positifs évidents pour les enfants, il lâche ce à quoi il s'accrochait.

Le compromis est une transaction dans laquelle aucun des deux partenaires ne se sent lésé, même dans la perte d'une partie de sa donne personnelle de départ. Il doit être vécu comme équitable, sans qu'on se donne la peine de comptabiliser les gains !

Pour rester en amour avec l'autre, on va lâcher, et ce lâcher prise, loin d'être une défaite, redynamise la poursuite de la vie familiale.

Lâcher les oripeaux du passé. « Je préfère mon amour avec toi, aux habitudes d'engueulades assassines de ma famille ! » C'est ainsi que nos couples nous guérissent : dans ces choix et ces renoncements aux toxines de la communication !

On peut multiplier les exemples sur ce lâcher prise : la propreté excessive qui gâche le quotidien, la vitesse au volant qui empoisonne le déroulement des déplacements, l'imposition des rythmes individuels à l'ensemble de la famille…

> *Lâcher* n'est pas synonyme de *lâcheté.* C'est désactiver l'énergie farouche qu'on met à vouloir quelque chose et à l'imposer. C'est une démarche intérieure que chacun de nous est amené à faire pour se sentir en accord avec soi et les autres.

À vous maintenant, lecteur, de mesurer votre souplesse, votre rigidité ou... votre tendance à abdiquer dans votre couple

- ❑ Avec votre partenaire, choisissez un thème dans les domaines négociables, sur lequel vous voulez enfin aboutir.
- ❑ Donnez-vous du temps, seul(e) chacun de votre côté, afin de définir ce que vous souhaitez obtenir. Puis écrivez vos besoins et vos désirs.
- ❑ Mettez-vous face à face. Créez du lien entre vous, par le regard et un geste de rapprochement. Bien entendu, prenez soin de mettre de côté momentanément : vos problèmes, divergences, conflits, malentendus, sur d'autres sujets. Restez centrés sur le but d'aujourd'hui.
- ❑ Exprimez à tour de rôle vos besoins et vos désirs. Écoutez et entendez l'autre !
- ❑ Exposez maintenant chacun vos options. Sont-elles des propositions envisageables ? Dialoguez le temps qui sera nécessaire.
- ❑ Pour chacune des solutions, évaluez vos gains et vos pertes réciproques.
- ❑ Poursuivez la communication jusqu'à l'émergence d'un accord. Il vous faudra peut-être plusieurs rencontres pour aboutir. À chacune de ces phases, recréez au préalable du lien entre vous.
- ❑ Quel est le résultat auquel vous êtes parvenus ?
  Félicitez-vous à présent pour le temps passé dans les différentes étapes, pour l'écoute, le respect mutuel et votre créativité.
- ❑ Planifiez un rendez-vous pour évaluer les options que vous aurez retenues.

Dialogues de sourds

Le film d'Ingmar Bergman *Scènes de la vie conjugale* nous offre une palette variée et non exhaustive « des malfaçons » d'un couple apparemment uni pour longtemps.

Nous verrons que chaque partenaire dysfonctionne à sa manière. L'accumulation non traitée des failles personnelles aura pour conséquence un coup de théâtre imprévisible à un moment T de la vie de ce couple.

> *Quand nous faisons la connaissance de Johann et Marianne au début du film, ils sont interviewés chez eux pour un magazine. Tout, dans le début de cet entretien, vise à nous faire croire qu'ils forment le prototype du couple harmonieux. Notre malaise de spectateurs commence dès que nous percevons certains indices : Johann s'affirme comme un homme sûr de lui, suffisant, condescendant et ironique à l'égard de sa femme. Quant à Marianne, intimidée, elle s'exprime peu et de manière effacée. Elle cherche, par le regard, l'approbation de son conjoint.*
>
> *Il a quarante-deux ans, elle trente-cinq. Mariés depuis dix ans et parents de deux fillettes, ils sont tous deux issus du même milieu social : la bourgeoisie.*
>
> *Au moment de leur rencontre à la fac, ils s'intéressaient peu l'un à l'autre. Johann était alors maître de*

conférence. Marianne, étudiante en droit, le trouvait « imbuvable ». Elle venait de divorcer après un mariage-échec et la mort de son premier enfant. Quant à Johann, après s'être affiché avec une chanteuse de variétés, il venait de se faire congédier.

Ce sont donc deux êtres meurtris qui se rapprochent, mettent en commun leurs blessures et leur solitude. *« Nous ne nous aimions pas, précise Marianne, nous étions déprimés. »*

Sur l'accroche névrotique de leur rencontre, nous comprenons qu'ils ont construit pendant des années une entente de surface lisse. Ils présentent à leur environnement l'apparence du bonheur, de la fidélité et de la compréhension parfaite. Cette dernière est un leurre dans la mesure où ils confondent absence de relief relationnel avec accord véritable.

Dans notre pratique thérapeutique, il n'est pas rare que nous recevions des couples semblables à celui de Johann et Marianne, où pendant des années le calme plat a créé l'illusion de bonheur à deux.

> *Les dialogues de Johann et Marianne ne suscitent pas de vagues entre eux, pas de conflits : quand Johann tente un rapprochement physique, Marianne l'accueille par un sourire, une moquerie et la velléité de l'époux disparaît. Tantôt Marianne s'aventure sur le terrain de l'authenticité des sentiments, Johann somnole et Marianne avec une inoxydable acceptation, sourit et s'éloigne. Tantôt Johann désabusé confesse : « Nous sommes des analphabètes des sentiments, nous n'avons rien appris de l'âme, notre ignorance sur nous-mêmes est sans limite. » Cette fulgurante lucidité de Johann provoque l'assoupissement de Marianne.*

Tout porte à croire que, dans ce couple engourdi, l'infirmité des sentiments vrais fonctionne comme puissant soporifique, pour combattre la moindre tentative de changement !

Durant plusieurs minutes du film, nous n'entrevoyons

pas encore ce qui pourra fissurer l'homéostasie du couple Johann/Marianne, rompre son équilibre, agiter les eaux dormantes de la vie quotidienne. Pour le monde extérieur, mais aussi pour eux-mêmes, leur union apparaît dépourvue de soucis. Elle l'est effectivement, dans l'accord sacré autour d'une charte tacite, qui pourrait être ainsi énoncée : « Tout ce qui sera susceptible de troubler l'aspect paisible de nos relations sera écarté. » La raillerie, la moquerie, la dérision... seront alternativement utilisées par chacun pour couper court à des tête-à-tête constructifs.

Johann et Marianne vivent une réalité récurrente et pénible : l'obligation de se rendre chaque dimanche dans la famille de Marianne. Chacun s'en accommode. Après un appel téléphonique à sa mère (une femme dominante), Marianne rapporte à Johann les échanges verbaux qu'elle vient d'avoir et se contente d'évoquer son sentiment d'impuissance. Il se moque d'elle, invoque le cycle menstruel pour expliquer la colère qu'elle ressent envers sa mère, et la console par des paroles sarcastiques : « La révolution tuée dans l'œuf aujourd'hui réussira bien un jour ! »

Cette courte scène, dont nous imaginons qu'elle se réitère chaque fin de semaine, permet d'observer quelques aspects de la personnalité de chacun : Marianne ne sait pas dire « Non » à sa mère. Il est vrai que, depuis l'enfance, elle acte en permanence la volonté d'autrui, sans « désemprisonner » ses propres désirs et ses ressentis. Elle a appris à taire ce qu'elle était, pour se conformer à ce qu'on attendait d'elle. Signifier, par des sourires, un accord de façade, en lieu et place de réactions authentiques, constitue une expression « racket ».

Les sentiments, les réactions, les pensées, les sensations « rackets » colorent les situations vécues aujourd'hui, de manière inappropriée. Ils les parasitent, les dénaturent et nous ramènent au passé. Nos « rackets » sont répétitifs et familiers depuis longtemps. Ce sont des substituts appris dans la petite enfance, par imitation des adultes, par obligation réelle ou fantasmée de notre part, pour obtenir attention, amour, reconnaissance. Nous les avons adoptés, faute de pouvoir rester authentiques, avec nos émotions, nos comportements, nos ressentis vrais. Ces derniers étaient interdits dans notre milieu et continuent de l'être par nous-mêmes. Il se peut par exemple que la colère ait été un sentiment redouté et écarté dans les réactions de notre famille d'origine où il convenait d'être triste. Nous avons donc appris à écarter tous les motifs d'être fâché. En lieu et place de la colère, c'est la tristesse qui nous habite. D'autres personnes sont des boules permanentes de colère dans presque toutes les situations où la peur, le chagrin seraient plus adéquats, mais qu'ils s'interdisent.

Franz Zorn, dans son roman autobiographique *Mars*, présente un autre schéma des sentiments « rackets » : toute velléité d'expression personnelle, liée aux insatisfactions, aux angoisses, aux douleurs, aux incompréhensions... était inenvisageable dans son environnement familial. La vie de tous les jours devait avoir une teinte beige rosé, quoi qu'il arrive.

À l'inverse, pour certains d'entre nous, la convention familiale tacite était le malheur. Il convenait alors de se plaindre et de se lamenter. Il aurait été indécent de montrer de la joie, de l'excitation, de l'enthousiasme, au risque d'être envoyé au lit pour fatigue manifeste !

> *Marianne ne se questionne pas sur la lassitude, l'agacement, l'irritation de son mari à se rendre régulièrement dans sa belle-famille. Quant à Johann, il manie le sarcasme. Il choisit d'utiliser l'humiliante référence au cycle menstruel de sa femme, plutôt que de comprendre sa colère légitime.*

Dans le sarcasme, on se moque, on feint de plaisanter.

L'intention première est de faire un bon mot, de se rendre intéressant, de se rassurer et de satisfaire son ego. C'est pourquoi on en use en public, par exemple avec des amis. On atteint l'autre et on le laisse sans voix. La blessure du partenaire, pourtant visible, ne suffit pas à nous stopper. C'est une situation récurrente. L'intention seconde et défensive, beaucoup moins consciente, est de se protéger de la peur qui nous vient des expériences juvéniles : se découvrir, être vrai, montrer sa vulnérabilité, dévoiler ses erreurs… Ces expériences se terminaient par la raillerie des adultes et de la honte pour soi !

➤ Sarcasme : du grec Sarkazeim « mordre de la chair ».
Et vous ? à quels points faibles de votre partenaire vous en prenez-vous ?
Trouvez en vous ce qui vous pousse à renouveler ces « anodines » piqûres.
Par quoi allez-vous les remplacer, pour la détente relationnelle et le bien-être intérieur de chacun de vous ?

Johann n'accueille ni ses propres sentiments ni ceux des autres. Sans doute depuis longtemps a-t-il appris à banaliser, à amoindrir la gravité du réel pour la rendre acceptable et plus supportable. Ce faisant, il a appris aussi à éviter ce qui l'obligerait à se positionner, à se protéger de ce qui fait mal et de ce qui contrarie.

Chaque partenaire, dans ce couple, a bien intégré l'ancienne leçon du devoir filial : la conformité aux volontés parentales et son actualisation dans la vie de tous les jours. La passivité individuelle potentialise l'inertie commune et peut ainsi favoriser le maintien d'un pseudo-couple. Johann et Marianne ne dialoguent pas sur une autre organisation des dimanches, sur ce qui procurerait du plaisir, sur ce qui entretiendrait la bonne santé de leur union.

Nous retrouvons là une dynamique humaine répandue d'autodéfense et de calcul à court terme. Mais les maux évités restent présents et vont évoluer de manière inattendue, nocive et préjudiciable pour chacun.

➤ Soyez définitivement méfiants quant à *la fixité, la routine et l'habitude* qui nivellent le quotidien. La vie du couple se nourrit aussi de variétés, d'inattendus, de surprises, d'imprévus.
Donnez-vous les moyens de ces reliefs. Entraînez-vous !

Deux événements qui auraient pu introduire des alertes profitables vont seulement et légèrement secouer l'indolence du couple : un dîner et une rencontre professionnelle.

À l'occasion d'un dîner, Johann et Marianne ont invité un couple d'amis. Ce dernier va se servir de la tribune qui lui est offerte, de la cordialité, de l'alcool, de la sollicitude de Johann et de Marianne, pour se donner en spectacle et jouer la scène conjugale favorite. Dès lors que le rideau s'ouvre, les protagonistes démarrent et s'invectivent. La scène s'amplifie, gonfle jusque dans la monstruosité et la violence des propos échangés. Rien n'est épargné : insultes, injures, humiliations, déballage de ce qui fait « le jardin secret » de l'autre. Johann et Marianne restent spectateurs sidérés et inactifs face à cette mise à mort symbolique.

Ils pourraient, par des paroles et des interventions fermes et apaisantes, contribuer à la désescalade. Ils n'en font rien. Leur attitude passive est plus que surprenante. À première vue, elle apparaît comme de la neutralité bienveillante. Elle ne l'est pas. À ce moment du film nous savons bien qu'ils se « protègent » et « mettent à l'abri » leur couple. Nous ignorons encore de quoi !

Quand leurs amis quittent la maison, Johann et Marianne constatent le désastre de ce couple qu'ils ont connu, fortement amoureux et si passionnel par le passé. L'évolution des relations de leurs amis contraste avec leur propre alliance sage et tranquille.

Ils viennent de découvrir que le grand amour n'est pas fatalement synonyme de pérennité.

La rupture annoncée de leurs amis les ébranle dans leur certitude installée depuis si longtemps, mais ils n'en disent mot. Au contraire, ils se livrent sur un registre décalé – dont ils n'ont pas conscience et qu'ils entretiennent depuis longtemps – à un dialogue de réassurance incantatoire, ponctué de furtifs bisous affectueux.

Chacun, sans le demander, veut obtenir de l'autre la certitude que le couple vit dans la fidélité et l'évidence de lendemains durables.

Pourtant cette soirée aurait pu offrir à Marianne et Johann l'opportunité de s'éloigner des faux-semblants et de s'interroger authentiquement sur une sorte d'état des lieux : de leurs sentiments réciproques, de l'anémie de leur sexualité, de leurs désirs d'autres étreintes plus ou moins refoulés, du non-renouvellement des plaisirs mais aussi des intérêts partagés : « Tu vois, Marianne, je suis sûr que nous n'en sommes pas au même degré d'éloignement que nos amis. Cependant, l'autre jour, dans la rue, je réfléchissais à nous et je me disais que j'en avais vraiment marre de nos dimanches chez ta mère. Je serais bien capable d'exploser un jour ou l'autre ! » « C'est vrai que nous ne nous occupons pas de nous le week-end. Et dans la sexualité, c'est pareil ! On se rapproche physiquement, juste pour être en conformité avec notre représentation du couple. Mais ce n'est pas par plaisir. Et puis, le fait que tu te moques de moi souvent bloque mon désir. »

Mais ce qui précède n'est qu'un dialogue virtuel !

➤ Lecteur, comme Marianne et Johann, avez-vous laissé s'échapper des occasions de formuler dans votre couple des questions, des inquiétudes, des ressentis, des aveux difficiles ?

Qu'avez-vous fait à la place du dialogue et qu'en ont été les conséquences ?

Le deuxième événement qui aurait pu être salutaire se situe dans le cabinet de travail de Marianne. En sa qualité d'avocate, Marianne reçoit en consultation une cliente d'une cinquantaine d'années, venue lui exposer les motifs pour lesquels elle veut divorcer. Sans se plaindre, avec beaucoup de dignité, la femme évoque vingt années de mariage sans amour et un couple dans lequel elle se sent devenir sèche et moribonde. Sa lucidité progressive l'a convaincue : ses capacités personnelles sont enfouies et la poursuite de son couple la fera mourir. Elle est décidée à vivre. Ses enfants ont maintenant quitté le foyer. Durant tout l'entretien, Marianne reste très professionnelle. En même temps, nous voyons son visage devenir de plus en plus perplexe. Elle semble s'identifier peu à peu à la femme du passé décrite par son interlocutrice, comme dans la présentation d'un miroir assez fidèle.

À ce moment du film, nous espérons que Marianne sera suffisamment déstabilisée et prête à une prise de conscience bénéfique, pour infléchir ses comportements dans le couple : dire à Johann où elle en est après toutes ces années de silence, exprimer ce qu'elle ressent sur les sarcasmes de Johann, s'interroger davantage sur son inappétence sexuelle et sur ce qu'elle veut aujourd'hui... Or le choc de cette reconnaissance de soi dans l'observation de sa cliente n'est pas assez brutal. Marianne refoule ce qu'elle vient de vivre.

La cote d'amour de façade du couple Johann/Marianne se fissure à leur insu. Nous observons de nombreuses avancées sur la cote d'alerte mais les deux partenaires prennent bien soin de les ignorer, de les enfouir, de les effacer...

À propos de la sexualité, Johann et Marianne expriment des reproches réciproques à mots contenus et feutrés et s'embrouillent dans des justifications contradictoires : « Notre désir ne s'atténue pas, il est intact, mais nous sommes très pris, très fatigués le soir. » « C'est moins passionnant qu'au début mais il y a pire. » « Il n'y a pas que le sexe. » « Il y a des choses qui doivent rester dans l'ombre... »

➤ Lecteur, faites-vous partie de ces humains qui invoquent de « fausses bonnes raisons », pour justifier ce qui ne vous satisfait pas dans votre couple et éviter ainsi d'aborder les vrais sujets ?
Attardez-vous à en retrouver quelques exemples.
Savez-vous ce qui à l'intérieur de vous-mêmes vous conduit, dans les échanges ou le silence, à argumenter de telle façon que rien ne change ?
Quand vous ne dites pas ce qui est important, quand vous vous contentez de formules-clichés, de quoi avez-vous peur ?
De quoi auriez-vous besoin pour vous responsabiliser et affirmer ce qui va et ne va pas en vous et dans le couple ?

Pour revenir sur la cote d'amour, Marianne et Johann auraient à quitter ce monde inépuisable des rationalisations et des vérités à « l'emporte-pièce ». Chacun devrait alors renoncer aux formules toutes faites, sur la fatigue du travail et ses conséquences dans le couple, sur l'aspect mineur de la sexualité, sur le silence pudique concernant ce qui est vécu en comparaison des drames mondiaux.

Un soir Johann annonce assez brutalement à Marianne sa liaison avec une femme, Paula, et son départ avec elle. La scène est pathétique et pitoyable. Marianne venait d'accueillir, avec une joie évidente et beaucoup de fébrilité, son mari de retour de voyage. Elle apprend l'existence d'une maîtresse rencontrée dans un congrès et âgée de vingt-trois ans. Johann signifie, sans ménagement, son désir de fuir « le rabâchage de la vie quotidienne ». Il lui assène le coup de grâce : son envie de la quitter depuis quatre ans ! Le leurre est tombé...

Comme souvent dans ces crises aiguës où la

rupture est imminente, Marianne réclame à son mari une chance pour leur couple. Johann l'entend comme une volonté de sauver les apparences, face à l'environnement familial et social.

Sans doute Marianne sent-elle que la partie est perdue. Faute d'obtenir ce qu'elle croit être un nouveau départ possible pour leur couple, elle formule des demandes déplacées : en savoir plus sur Paula, voir sa photo et obtenir des détails sur la liaison. Cherche-t-elle à se faire mal ? À participer encore à la vie intime de Johann ?

La scène prend des allures surréalistes. Johann, encouragé par Marianne devenue sa confidente, fournit des précisions sur sa vie sexuelle avec sa maîtresse et revendique de s'exprimer sincèrement.

Le décalage s'élargit entre la réalité de la souffrance de Marianne et la nervosité de Johann à parler de cet ailleurs intime. Il ne fait que se confier et se soulager.

Le couple finit la soirée en faisant l'amour à la demande de Marianne. « Au nom de notre amitié », dit-elle.

C'est une énergie désespérée, mais inadaptée à la situation, qui les pousse dans les bras l'un de l'autre, au lieu de se parler enfin.

Après une crise, la cote d'amour ne peut pas s'édifier seulement sur une demande de seconde chance pour le couple. Pas plus que sur la mise en acte inopinée d'une sexualité jusqu'ici insatisfaisante. Dans un cas comme dans l'autre, ce serait l'illusion d'une reprise du couple, à échéance courte. Car selon le principe que les mêmes causes produisent les mêmes effets, ces événements vécus dans l'union de Marianne et Johann engendreraient, à la longue, des comportements analogues ou peu différents : dérision ou sarcasmes du mari, persiflage et banalisation de l'épouse, frustration sexuelle en miroir aboutissant à des jeux de cache-cache, désintérêt évident pour les préoccupations de l'autre… Pour l'heure, les problèmes réels et nombreux n'ont pas été posés.

Après le départ de Johann, Marianne entreprend une psychothérapie. Plusieurs mois passent. Les conjoints se retrouvent à la maison pendant un voyage de Paula à l'étranger. Marianne s'est préparée avec coquetterie et Johann est impatient comme un jeune fiancé.

À ce moment du film, nous ne doutons pas d'une évolution plus glamour de leur relation. Or, nous assistons à une répétition des « accroches » passées du couple.

Ils se font des reproches (aujourd'hui au sujet des enfants et de l'argent), Marianne se refuse aux avances sexuelles de Johann et ce dernier s'endort au moment où sa femme lui lit un passage très intime et lucide du journal de bord qu'elle tient pendant sa thérapie.

Chacun, individuellement et séparément dans ce qu'il a vécu, a progressé. Johann s'est donné la permission de vivre une sexualité forte avec Paula. Marianne a découvert le plaisir sexuel dans des relations avec d'autres hommes, ainsi que l'introspection dans le travail thérapeutique. Ces évolutions personnelles sont réelles, mais disparaissent quand les partenaires se retrouvent et que « le système couple » se reforme. Le schéma relationnel, qui a présidé à la formation du couple et qui l'a cimenté, l'emporte sur les améliorations personnelles.

Pour qu'il en soit autrement, ces deux humains devraient se réengager dans leur union. Avec la détermination de transposer « ces gains » dans des changements à deux, ils commenceraient de les mettre en œuvre jusqu'à la transformation volontaire du couple.

Malheureusement, Marianne ne sait pas faire autre chose dans son couple qu'éconduire le mari entreprenant. Et ce mari, capable d'harmonie sexuelle avec Paula, ne s'affirme pas dans son couple avec Marianne comme amant désirant.

De même, Johann si préoccupé par ailleurs du bien-être psychique de Paula sa maîtresse ne prend pas soin de rester éveillé pendant la lecture cruciale des écrits de sa femme. Et Marianne continue de s'en accommoder !

> Les évolutions personnelles en dehors du couple ne sont pas synonymes de changements automatiques du couple et des partenaires dans le couple. Ce sont les prises de conscience, les décisions correspondantes et l'entraînement qui façonnent l'édifice.

Plusieurs semaines après cette soirée, le bureau de Johann est le théâtre d'un moment clé de leurs retrouvailles : la signature de l'acte du divorce. Après des débuts conciliants, la scène tourne au drame : colère, haine, mépris et coups verbaux qui précèdent les coups physiques. Le corps à corps est d'une grande violence, à la mesure des frustrations accumulées et des alertes non traitées.

Dans la décompensation pulsionnelle, ils engagent aussi la rage de leurs échecs individuels à être heureux en couple. La décharge terminée, ils peuvent maintenant signer l'accord de divorce et se quitter. Tout nous porte à croire que le mot « Fin » va conclure l'histoire de ce couple.

L'épilogue est tout autre. Ils divorcent. Quelques années passent. Tandis qu'ils sont respectivement remariés, ils se retrouvent et savourent enfin tous les deux ensemble un week-end d'amants dans une maison prêtée par des amis.

Nous observons qu'ils ont dû tous les deux, chacun de leur côté, reconstituer une union sociale légitime, conventionnelle et sortir de leur couple pour trouver de l'excitation sexuelle, devenir amants et partager une intimité. Leur complicité est radieuse car ils ne sont plus mari et femme.

Ils vivent une dichotomie fréquemment véhiculée comme un cliché : on doit s'accommoder d'une vie de tous les jours en couple, fade, immanquablement routinière, parfois maussade, souvent monotone. La récréation, le plaisir, la jouissance, la légèreté... ne s'inventent et ne nous comblent qu'en dehors de l'espace familial !

De notre place, en tant que femmes, épouses, mères et thérapeutes, nous refusons ce stéréotype au profit d'une vision ascendante du bonheur dans le couple.

L'engrenage du divorce n'est pas une fatalité. Elle ne le devient que lorsque les partenaires, tels que Marianne et Johann, sont « des analphabètes » des émotions, du dialogue et de l'amour.

Cette opinion fortement répandue qu'il peut être trop tard sur la cote d'alerte pour stopper le sinistre d'un couple n'est pas justifiée. À tout moment le couple peut immobiliser le processus de détérioration qui le ronge et enclencher, avec du temps, une construction aux bases solides, nettoyées du passé.

Quelques aperçus de montées sur la cote d'alerte

À l'occasion des mésententes du couple, l'intensité de l'amour s'atténue. Le lien se rompt momentanément ou durablement. Chaque partenaire s'éloigne, adopte une position défensive et s'y installe plus ou moins longtemps.

Dans les jeux psychologiques d'un couple, trois rôles coexistent : le persécuteur ; la victime ; le sauveteur. Nous avons adopté ces différents rôles et les avons consolidés au cours des innombrables interactions qui ont jalonné les stades de notre croissance.

Le persécuteur s'affirme comme le dominant. Il blâme et reproche : « C'est nul comment tu t'y es pris ! » (peut s'appliquer à n'importe lequel des achoppements de la vie quotidienne, pour disqualifier l'autre). « Je n'aurais certainement pas fait ça à ta place ! » (en général énoncé par un persécuteur « passif », qui a laissé l'autre agir). « Je te l'avais bien dit ! » (implacable commentaire après une longue inertie). « C'est de ta faute ! » (couperet et sentence). Le persécuteur cherche la faille et le détail. Il joue à « Défauts », un de ses jeux psychologiques favoris, consistant à ne souligner dans un ensemble réussi par l'autre partenaire que le minuscule raté.

Pour exister dans le couple, le persécuteur domine avec autorité, parfois de manière dictatoriale, décide unilatéralement, moralise, exige tel et tel comportement, ou l'application de règles tyranniques, par exemple à table, au volant, pour la propreté... Le plus souvent, le persécuteur sait qu'il blesse l'autre, l'humilie, lui fait honte, le culpabilise, même s'il tient cette évidence à distance. Pour éviter de se percevoir en tant que justicier accusateur, il se persuade de son bon droit, de ses valeurs et de ses repères moraux.

La bouderie est aussi un jeu de pouvoir du persécuteur. Le boudeur veut faire payer à l'autre ce qu'il ressent, sans assumer sa part de responsabilité dans la situation. C'est une colère silencieuse, inexprimée, inexprimable, sur fond de victime malheureuse. Ce persécuteur/victime boude, se sent lésé, incompris, délaissé. Il campe sur une certitude intérieure, jamais remise en cause depuis l'enfance, à propos des autres et de lui-même, et qui s'applique régulièrement dans son couple : « C'est toi qui fais que je me sens mal. Tu dois, donc, d'abord payer cette addition, persévérer dans tes excuses, tes tentatives de réconciliation et trouver le “truc” magique qui balaiera ma souffrance. Mais cela, seulement quand je serai prêt à envisager de ne plus bouder ! » Cet énoncé dénote une contradiction intérieure dans laquelle il est enfermé et à laquelle il veut soumettre l'autre. Il se tait, s'enferme dans le mutisme, évite physiquement son conjoint ou sa famille, s'installe dans le retrait. Sa résistance aux sollicitations verbales de l'autre est impénétrable. Son silence assassine la relation, provoque alternativement l'impuissance du partenaire et l'empressement de celui-ci à renouer la communication. La bouderie est très significative au niveau des comportements : silences, visage fermé, évitement, froideur.

➤ Dans la bouderie : quand vous ne communiquez plus, vous communiquez encore... votre refus de communiquer.

La bouderie est un stratagème désarmant pour celui qui est en face et qui, soumis, ressent de l'accablement et de la culpabilité : « Mais qu'est-ce que je t'ai fait ? » demande-t-il. Face au boudeur, on en arrive à oublier le contenu d'origine qui a provoqué le comportement de fuite, pour se focaliser avec détresse sur le mur en béton de l'attitude du boudeur. On tente, en sauveteur/victime (car c'est notre « réponse scénarique »), de renouer les fils du dialogue. Mais souvent la bouderie est une cuirasse sur laquelle les tentatives de réconciliation ricochent sans succès.

Une patiente disait un jour : « Mon mari a boudé pendant vingt ans, et au bout de vingt ans, il est parti ! » Elle n'avait pas pu, ni su, se positionner autrement qu'en victime attentiste. Pendant toutes ces années, aucun des deux partenaires ne s'était donné les moyens de sortir d'une spirale répétitive. Face au boudeur, certains tentent de faire du lien physique, en le touchant, en le câlinant, en espérant le dérider par des facéties. Ce qui les maintient dans une position de sauveteur face à un persécuteur qui continue de bouder. Dans son système de croyances, le persécuteur/boudeur pense que son partenaire détient dans ses mains le levier de l'hypothétique retour de la communication. Ce qui est en partie faux, puisque c'est le tyran/martyr qui prétend en dicter le déroulement. Son pouvoir passe par sa décision de mettre un terme aux hostilités. C'est ainsi que la trêve arrive sans que l'autre comprenne ce qui l'a motivée.

Est-ce une question de durée, au-delà de laquelle le boudeur estime que l'autre a assez payé ? Ou la colère se désamorce-t-elle par chute de son intensité ?

La bouderie est un processus inacceptable dans le couple, car elle alimente et renforce de manière significative les cotes d'alerte. Elle se situe dans la zone non négociable des échanges du couple. Elle est incompatible avec le choix d'une permanence de l'amour et du lien.

Dans une situation de désaccord même intense, on peut dire : « J'ai besoin de me retirer, de sortir faire un tour, de partir quelques heures pour réfléchir… » Ou dire à l'autre : « Je veux que tu me parles autrement, sans élever la voix, que tu évites d'aborder ce sujet épineux pendant notre week-end amoureux, que tu me prennes dans tes bras… » Rester en lien avec l'autre est indispensable.

> Notre projet de couple doit se maintenir comme la priorité des priorités et dans la détermination d'un choix de vie qui nous guérit des vieux oripeaux de notre histoire ancienne.

Souvent, dans la vie d'un couple les événements et les frustrations constituent des pavés. Amassés, ils serviront à édifier des barricades qui nous isoleront de l'autre. Le moment venu, nous nous servirons de ces matériaux comme projectiles contre lui.

Sur la cote d'alerte, les partenaires accumulent des rancœurs au lieu de les évacuer au fur et à mesure. Ils finissent même par décoloriser les scènes agréables de la vie passée, pour ne plus en retenir que du noir et du gris.

➤ Attention aux crues menaçantes, qui nous avertissent d'une indispensable évacuation des eaux. Attention à ne pas chavirer avec l'inondation. Attention au fleuve qui franchit la digue. Une bonne question à vous poser : Voulez-vous profondément *la Concorde* ou *la Discorde* dans votre couple ? Ne répondez pas trop vite. Sous cette question légère, d'apparence évidente, se tient une vraie et « grave » interrogation sur l'existence à deux.

La colère n'est pas en soi un sentiment négatif, elle est même légitime puisqu'elle est consécutive à un dommage, réel ou non. Elle est juste quand la personne en colère est en mesure d'exprimer à l'autre, à partir de « Je », ce qu'elle a éprouvé dans une situation donnée. Elle fournit alors une information précieuse sur le vécu et permet aux protagonistes de poursuivre une communication respectueuse et constructive.

Par exemple : « Je me suis senti agressé quand tu m'as coupé la parole devant les amis. »

La portée de cette phrase exprimée sera efficace si, et seulement si, les mots utilisés sont descriptifs et factuels.

« Tu m'as coupé la parole » et non pas : « Comme d'habitude, tu ne peux pas supporter que je parle et il faut absolument que tu m'humilies en m'interrompant ! »

Il se peut que dans des situations lourdes, conflictuelles, difficiles… nous soyons fortement en proie à la colère. Il nous est impossible sur le moment de nous exprimer avec recul. Au paroxysme de la colère, il nous faut alors prendre le temps de respirer, différer le contact avec l'autre et prendre soin de nous, par exemple en sortant faire le tour du pâté de maisons ! La retombée de la charge émotionnelle nous permet de recontacter une pensée distanciée : « Quel est mon but ? Qu'ai-je à dire à l'autre ? Comment le dirai-je pour qu'il entende et que je puisse rester en lien avec lui ? »

La colère inadéquate peut prendre la forme d'une décharge violente et d'une volonté de faire mal à l'autre, en le blessant. Le « Tu » remplace alors le « Je », et concentre exclusivement la communication sur la culpabilisation de l'autre. Elle écarte ce que chacun pourrait raconter de ce qu'il a vécu.

À propos de la colère, nous avons acquis, depuis l'enfance, un certain nombre de certitudes fausses. Nous les véhiculons comme nôtres dans la vie de tous les jours, alors qu'elles ne sont que des slogans appris et intériorisés : « La colère est dangereuse, c'est une mauvaise conseillère. » « Quand on est en colère, on ne sait pas se maîtriser. » « Je ne peux pas m'empêcher de dire des choses irréparables. » « Si je montre ma colère, je ne serai plus aimé… »

Des pensées stéréotypées, nous en avons aussi depuis longtemps, à propos du chagrin, de la peur et même de la joie.

L'histoire de Barbara et Oliver, qui nous est contée dans le film *La Guerre des Rose*, illustre ces jeux psychologiques et le mauvais usage de la colère sur la montée de la cote d'alerte.

Le couple débute par de bons présages : rencontre amoureuse attractive, mariage, enfants, réussite sociale... Que rêver de mieux ?

> *Dans les premières minutes, nous faisons la connaissance d'un homme et d'une femme jeunes, d'une vingtaine d'années, qui se rencontrent sous le chapiteau d'une vente aux enchères. Barbara, la première, voit Oliver plongé dans le catalogue de la vente, et nous comprenons immédiatement, à son regard, qu'elle a jeté son dévolu sur lui. D'un geste féminin très symbolique, elle arrange ses cheveux et de loin évalue le physique d'Oliver. Ce dernier est très absorbé à choisir dans le catalogue une statuette japonaise en ivoire finement ciselé du* XVIII*e siècle, représentant une femme nue couchée, gracieusement érotique.*

Cet objet sélectionné est déjà en soi évocateur de l'intérêt qu'Oliver portera à la sexualité. Pendant ce court laps de temps, les choix sont faits : lui, la statuette, elle, l'homme.

> *La vente commence. Barbara a pris soin de s'asseoir derrière Oliver, un peu à l'écart. Tandis que le commissaire-priseur annonce l'enchère, Oliver, qui n'a pas encore remarqué Barbara, propose avec fébrilité dix dollars. Immédiatement Barbara, sans même jeter un regard à Oliver, renchérit pour onze dollars. Oliver se retourne et aperçoit pour la première fois*

Barbara, souriante, juvénile, les mains sagement posées sur les genoux et attentive à suivre des yeux le commissaire.

Le stratagème du Petit Prof[1] de Barbara a fonctionné : Oliver est maintenant au moins autant capté par la présence de cette femme que par l'acquisition de la statuette.

La poursuite de la vente de l'objet convoité se joue alors entre les deux protagonistes à la manière d'un match de tennis de table, avec rapidité et fulgurance. Barbara gagne, son visage rayonne, celui d'Oliver manifeste stupeur, déception et résignation.

À cet instant, il est évident qu'elle remporte la statuette, mais qu'elle a encore à faire pour « s'approprier » l'homme. Elle a gagné la première manche. Lui est perdant pour ce qui est de la statuette, mais très attiré par cette femme. Il a perdu la première partie mais n'a pas dit son dernier mot.

Dans la stratégie de Barbara vis-à-vis d'Oliver, il faut qu'elle organise maintenant la suite, de sorte que la rencontre ne s'arrête pas là.

Elle quitte le chapiteau rapidement. Il la rattrape et l'aborde (il lui faut bien un prétexte !) en lui demandant si elle connaît le prix réel de la statuette. Avec désinvolture et coquetterie, elle continue sa route, fanfaronne, lui fait savoir qu'elle ne veut pas la vendre et donc que le prix ne la préoccupe pas.

Elle donne ainsi à penser à Oliver que sa victoire est modeste. À présent, elle sait que « son hameçon » a fonctionné. Il convient de poursuivre !

Sous la pluie, elle relève la tête avec triomphe, se félicitant à voix haute d'avoir « du flair ».

➤ Du flair ? Pour l'acquisition de quoi ? Et surtout de QUI ? Remémorez-vous les premiers instants de la

1. Le Petit Prof est la partie intuitive, spontanée, rusée, qui en nous réagit instantanément aux événements vécus, en nous faisant trouver sans réfléchir la réaction la plus adéquate.

rencontre, avec votre partenaire. Qu'avez-vous intuitivement perçu, chez cet autre humain, qui a déterminé votre choix ?

Barbara semble pressée de prendre son bateau. Mais Oliver est « appâté » : il se précipite pour lui porter sa valise et couvrir ses épaules de son imperméable. Le chemisier mouillé de Barbara épouse les rondeurs de ses seins. Tout un programme à venir !

Chemin faisant, les présentations sociales ont lieu : il est étudiant à Harvard, brillant mais avec une bourse ! Elle n'est ni brillante ni riche, a fait des études de sport à Madison, elle aussi avec une bourse, mais en gymnastique. Elle précise que sa taille est un handicap, ce qu'Oliver conteste, tout en la détaillant des pieds à la tête.

Pour lui démontrer sa force physique, ou le troubler davantage sexuellement, elle exécute devant lui un magnifique poirier qui dénude ses jambes.

Ce qui, sans aucun doute, complète l'avant-propos fourni tout à l'heure par la suggestion de la poitrine !

Ce geste inattendu plonge Oliver dans un étonnement admiratif dont il se tire par une boutade : il adore la vue qu'il a de la ville d'en face.

Entre le V des jambes de Barbara, de quelle « vue » s'agit-il ?

On entend la corne de départ du bateau. Barbara se relève et se hâte pour ne pas rater le ferry, donne un baiser furtif à Oliver. Il réclame son prénom, elle le lui crie. Oliver, un peu décontenancé par l'enchaînement précipité des événements, court derrière elle tandis qu'elle s'enfuit. Il proclame : « J'ai une idée formidable ! »

La concrétisation du couple Barbara/Oliver ne fait, à ce moment-là, plus aucun doute !

➤ Faisons un arrêt sur image ! Selon vous, par quoi Barbara a-t-elle été attirée chez Oliver : Son aspect physique ? Sa présence, dans une vente d'objets d'art, qui laisse présager qu'ils vont partager les mêmes goûts de décoration ? L'allure de cet homme dont elle a le pressentiment qu'il la hissera hors de son milieu d'origine ? Un ensemble de signes qui lui confirme inconsciemment qu'Oliver dépendra fortement d'elle sexuellement ?... Et pour Oliver, est-ce la détermination de Barbara ? L'assurance affichée de cette femme ? Ses charmes savamment mis en scène ? Son originalité troublante ?...

Premiers temps sans nuage pour Oliver et Barbara

Au cours des ébats amoureux qui suivent la rencontre, ils sont au Nirvana. C'est entre les draps qu'Oliver demande Barbara en mariage de manière indirecte. Avec délicatesse il dit : « C'est une histoire que l'on racontera à nos petits-enfants. » Leurs deux corps s'aimantent à nouveau et Barbara métaphorise romantiquement sur le sexe d'Oliver qu'elle aime : « C'est le retour du grand chauve à col roulé. » Ils s'aiment !

Dans les premières années de mariage, deux enfants naissent. Oliver travaille ses dossiers à la maison. Barbara est serveuse. Avec ses appointements, elle lui achète par surprise la voiture de ses rêves : une Morgan ! Il la découvre le soir de Noël. Il se dit « totalement heureux ». C'est un vrai conte de fées !

Des nébulosités inquiétantes dans le couple

L'ascension professionnelle d'Oliver est fulgurante. Il gagne beaucoup d'argent.

Un soir, il invite son patron, ses collaborateurs et ses associés à un dîner dans l'appartement familial. Barbara s'est habillée simplement.

Pourtant, elle connaît l'enjeu de cette soirée pour son mari. Sa tenue vestimentaire n'est pas dans la note codifiée de la représentation sociale d'une hôtesse bourgeoise, recevant des cadres supérieurs.

Au cours du repas, Barbara est engagée par son mari condescendant, à raconter une anecdote : l'achat du service de verres de Baccarat, à Paris, pour le cinquième anniversaire de leur mariage.

Barbara n'a pas compris que son récit n'est qu'un court intermède dans la prestation du grand avocat Oliver. Ce dernier, sans aucun doute, veut garder les projecteurs centrés sur sa personne et ne fournir à Barbara qu'un rôle de figurante. Si elle en était consciente, elle déclinerait l'invitation du mari et dirait : « Raconte, mon chéri ! Tu étais comme un poisson dans l'eau à Paris. »

Mais Barbara part dans un long récit et fournit trop de détails qui lassent. Elle évoque son enfance malheureuse, comment ses parents récupéraient les verres à moutarde. Ce qui évidemment contraste avec le luxe du cristal présent sur la table. Les convives sont mal à l'aise. Oliver s'impatiente, coupe la parole et résume. Les invités, soulagés, reprennent vie avec le discours du mari. Oliver semble avoir choisi de se placer dans le camp adverse, ne craignant pas d'humilier sa femme en public. Barbara déglutit difficilement, feint d'être bien, rit jaune et trinque avec son mari.

Ce qui vient de se jouer, pour nos deux protagonistes, dans les dernières minutes de ce dîner, est loin d'être anodin. Car chacun a conçu, dans cette soirée, de l'irritation et de la rancune contre l'autre. La scène dans sa totalité, les transactions verbales, les mimiques échangées constituent la trame de ce qui peut se répéter et se développer dans un couple. Il faudrait là une régulation rapide.

> *Hélas ! La montée sur la cote d'alerte va se poursuivre au lit. Au moment du coucher, Oliver fanfaronne : tout le monde a passé une bonne soirée ! Barbara ne partage pas cette allégation. Oliver n'en tient pas compte et commente avec ironie le récit de Barbara à table.*

Deux niveaux psychologiques sont décelables chez Oliver. Au niveau conscient, il s'agit pour lui d'apaiser la colère de Barbara dont il perçoit et redoute les signes, puis d'évincer l'incident. Au niveau inconscient, il cherche à la provoquer et à la dominer, car il veut conserver le pouvoir.

> *Barbara lui répond qu'il n'aura qu'à se charger lui-même de ce qu'il voudra raconter lors d'une prochaine occasion.*

D'abord victime blessée, elle se transforme, le temps d'un éclair, en persécutrice cinglante.

Dans les conflits et les disputes de couple, l'insatisfaction de l'un des partenaires peut être vécue par l'autre comme une accusation.

Comme vient de le faire Barbara, dans ce reproche intentionnel, celui qui se sent visé proclame qu'il ou elle se retire du jeu, d'ores et déjà et pour la prochaine fois. La blessure ressentie est sans commune mesure avec le peu d'importance de l'événement, mais nous indique qu'elle touche une zone fragile et sensible de la personne. L'ultimatum est proféré alors à partir d'une double position de victime… et de persécutrice.

En effet, durant ce dîner, deux éléments de l'histoire de Barbara ont été réactivés. Le premier concerne sa place, mineure, dans sa famille d'origine, ce qui la conduit à ne pas savoir s'adapter au rôle d'hôtesse durant le repas. La seconde est l'effacement de la féminité de Barbara qui s'habille et se coiffe de manière trop modeste pour l'enjeu de cette soirée.

Il est important, pour se construire, d'être en accord avec ses origines familiales et sociales. La fierté d'appartenir à son milieu, d'en garder des traces positives, permet d'y faire référence avec aisance, facilité, bonheur.

Barbara semble venir d'un milieu peu aisé. Elle nous le fait entrevoir quand elle évoque à table les verres à moutarde ébréchés de son enfance. À coups d'ironie et de provocation, Barbara poursuit et sert le projet inconscient de se dévaloriser, de se démarquer des autres convives, y compris d'Oliver. Avec cette attitude, elle offre à son mari, sur un plateau, de quoi alimenter sa gêne et son irritation. Celles-ci susciteront ensuite chez Oliver une brutale interruption humiliante.

Oliver, de son côté, ne fait rien qui puisse mettre sa femme en valeur, par exemple la féliciter pour sa créativité culinaire. Il est avant tout préoccupé par son ascension socio-professionnelle et pas du tout par son couple. Il met en œuvre ce qu'il paraît avoir appris antérieurement : le brio et la complaisance. Pour lui, ces ingrédients de la séduction personnelle ne sont permis que pour réussir individuellement et socialement.

> *En toute fin de soirée, l'insulte de Barbara « Pauvre con ! » clôture par le mépris ce qu'Oliver a initié par l'humiliation.*

Chacun à sa manière provoque l'escalade. Barbara ne prend pas soin de mettre un coup d'arrêt à la dérision offensante de son mari. Oliver ne s'insurge pas contre le manque de respect de sa femme. Il devient alors possible de poursuivre sur ces registres matrimoniaux « propices » aux désastres ultérieurs.

➤ Règle verbale des **I** : ne cédez pas aux **I**nvectives, **I**nsultes, **I**njures… Changez de vocabulaire ! Demandez avec fermeté et obtenez les paroles et le ton qui

> convienment aux crises que vous traversez. Restez dans des paroles et un ton qui expriment ce qui se passe, sans porter atteinte à l'autre.

Choisissons de montrer comment l'amour pourrait revenir entre eux au moment de se coucher : Barbara resterait présente, en lien, à la fois avec sa colère, sa douleur et son compagnon, et ne s'isolerait pas dans la bouderie. Elle expliquerait à Oliver combien sont blessantes pour elle des interventions publiques qu'elle vit comme dévalorisantes et qui lui rappellent son passé familial, dont elle n'est pas fière. Elle demanderait qu'ils conviennent d'une autre façon de se comporter dans une situation analogue, par le biais de codes personnels et intimes (par exemple des gestes ou des postures d'apaisement, des clins d'œil…) si nécessaire.

Oliver de son côté, au moment où ils se retrouvent seuls, solliciterait sa compagne sur sa vision de la soirée passée et ne se draperait pas dans une autosatisfaction crâneuse. Il tiendrait compte des signaux répétés de l'exaspération de Barbara durant le repas. Ces signaux étaient visibles sur son visage, perceptibles dans son ton et ses mots. À tout le moins, il se montrerait désolé de l'avoir blessée.

Le couple formé par Barbara et Oliver est déjà fortement engagé dans des jeux de pouvoir.

> *Une deuxième alerte marque les relations du couple d'Oliver et Barbara. Elle trouve la maison de leurs rêves. Le jour où ils en deviennent propriétaires, elle s'attend à ce qu'Oliver l'aide tout le week-end pour les premiers emménagements. Au lieu de cela, il file au bureau en lui souhaitant de bien s'amuser ! Cette annonce inopinée frappe d'un coup de tonnerre l'élan de Barbara. Elle avait anticipé, dans la joie, l'aménagement à deux ! Le charme est rompu par le projet d'Oliver de travailler à ses dossiers hors de la maison.*
> La brutale discordance de l'investissement des deux

partenaires d'un couple à un moment précis ouvre une brèche à des hostilités futures.

Barbara passera tout son temps à bichonner la maison et Oliver travaillera sans relâche pour la payer. Elle sera dedans, elle y sera seule, sans aide, quelle que soit la dureté des travaux. Il sera absent, au bureau, même les week-ends. C'est une montée sur la cote d'alerte dont ils ne mesurent pas la gravité.

Quand, sans accord explicite des deux conjoints, la femme gère seule les problèmes de la maison et que l'homme passe une grande partie de son temps dehors à travailler pour gagner le budget du foyer, les deux partenaires se présenteront un jour ou l'autre la note, sous forme de :

Elle : « J'ai tout fait, toute seule dans cette maison, je me suis occupée de tout, sans aucune aide de ta part. C'est ma maison ! »

Lui : « J'ai tout payé dans cette maison, j'ai trimé sans un seul jour pour me reposer. C'est ma maison ! »

Au niveau réel et aussi symbolique, la cote d'amour relative à la préservation du couple nécessite des soins aussi attentifs que l'installation de la maison. Quand cette dernière, son coût d'acquisition, les crédits, les gros travaux, les aménagements, la décoration, les efforts faits vers le monde amical et social pour recevoir et exister aux yeux des autres, priment sur l'entente du couple, ce dernier est en danger. Les pauses, l'écoute, le lien, l'intimité dans les sorties à deux n'existent quasiment plus.

Si notre couple est notre priorité, alors nous sommes capables ensemble de favoriser les plaisirs malgré les contraintes, de renégocier les budgets et les échéanciers des réalisations. Nous sommes de réels partenaires et participons concrètement aux occupations et aux préoccupations inhérentes à la maison, dans la complémentarité et le respect des besoins de chacun.

Pour refaire lien, Barbara qui se sentait seule, abandonnée, écrasée par la tâche, aurait dû solliciter Oliver, obtenir de lui sa présence, voire sa contribution manuelle, et pas seulement son chéquier. Dire par exemple : « Mon chéri, donnons-nous du temps ensemble, pour vivre à deux cette journée exceptionnelle. C'est très important pour moi, mais aussi pour notre couple et notre vie de famille. Si tu as un impératif de travail, accepte de le différer jusqu'à demain après-midi. »

Oliver lui, plutôt que de promettre de l'épauler et affirmer dans l'ironie qu'elle allait bien s'amuser à décorer, aurait pu mesurer le caractère pesant de ce qui attendait sa femme dans la solitude et profiter de son aisance financière pour la faire aider. Et surtout réserver du temps pour être avec elle, en s'exprimant : « Ma chérie, je te comprends, c'est vrai que cette journée est unique et que nous devons la vivre ensemble. Mieux, nous allons nous atteler aux premières tâches et ce soir nous ferons la fête en ouvrant un magnum de champagne ! Je suis tellement heureux et fier de toute l'énergie dont tu as fait preuve pour découvrir ce paradis à notre mesure ! Je vais donner des coups de fil pour trouver quelqu'un. Tu ne seras pas seule demain après-midi pendant que j'irai au bureau. »

Ce dialogue est improbable. Car Barbara ignore qu'elle peut demander et obtenir de l'aide. Oliver méconnaît l'importance du maintien du lien significatif dans la présence effective à la maison. L'installation matérielle pouvait prendre un peu plus de temps. Leur intimité de couple, non ! Barbara et Oliver nous ont fourni ici une illustration de comment un couple s'y prend pour déraper, s'éloigner et saboter l'entente.

> Le bien-être du couple repose sur *la réalité*, non sur une chimère ou une vision extatique et paradisiaque des rapports à deux. Le bonheur est à portée de vos quatre mains réunies et tendues vers un possible et non vers un mirage, vers *un art de vivre* à

deux et en famille, qui se construit et se préserve jour après jour.

Déposséder l'autre et l'anéantir

Après le dîner professionnel et l'installation dans la maison, Barbara et Oliver « choisissent » de s'affronter dans des esclandres.

Les scènes se rapprochent et s'intensifient. Barbara crée une entreprise de préparation de dîners luxueux à domicile et devient une véritable femme d'affaires au succès fulgurant. Une transformation physique spectaculaire s'accorde à sa réussite : elle met en valeur sa féminité et s'habille avec beaucoup d'élégance.

Cette performance sociale et personnelle ravive sa propre estime et pourrait se conjuguer avec une poursuite enfin harmonieuse de son couple. Or ce choix d'une autonomie professionnelle et donc financière n'est pas destiné à épanouir son couple, mais à lui permettre inconsciemment d'en sortir. Elle met en œuvre l'indépendance extrême. Elle ne sait pas encore qu'elle s'achemine vers le détachement, « aidée » en cela par le comportement d'Oliver méprisant les recettes de sa femme, irrespectueux de ses contrats d'affaires… Loin de la féliciter, de l'encourager, de la soutenir, il se complaît dans la dérision et les sarcasmes. Le couple se délite et s'enlise tandis que chacun progresse dans son ascension personnelle.

À aucun moment de leur vie de couple, nous ne voyons ni ne sentons de tendresse ou d'intimité physique autre que sexuelle, de signes de reconnaissance et de gratitude l'un pour l'autre. Cette proximité fortifierait le couple.

L'intimité affective cimente le couple, désamorce l'escalade et raffermit le couple.

Quand la crue déborde entre Barbara et Oliver, un contact corporel, doux et chaleureux réenclencherait le curseur sur la cote d'amour.

Seul un événement inattendu pourrait créer une rupture positive dans le processus d'érosion que vivent Barbara et Oliver.

Au cours d'un déjeuner d'affaires, Oliver est victime d'un malaise : déchirure de l'œsophage, avec symptômes de crise cardiaque. On le transporte à l'hôpital. Il croit vraiment mourir et attend Barbara auprès de lui. Elle ne vient pas. C'est pour lui un signe d'alerte. Il prend conscience, dans cette soudaine solitude, du rôle capital de sa femme dans sa vie et dans sa réussite d'homme. Il le lui écrit en se croyant à l'article de la mort.

De retour à la maison, ses paroles expriment, pour la première fois, les sentiments forts qu'il a découverts en lui. Mais elle n'est plus capable de les entendre. Elle est déjà « sortie » de son couple, dans le détachement et l'indifférence.

À ce moment aigu sur la cote d'alerte, Oliver pourrait s'interroger sur la signification de la désertion de Barbara et tenter un dialogue avec elle. Il réaliserait alors combien sa femme a accumulé « d'infarctus symboliques ». Il tenterait ainsi de la rejoindre en lui ouvrant son cœur, sans se plaindre comme un petit garçon abandonné.

Durant la vie commune, Barbara n'a jamais pris le temps d'exprimer à Oliver combien ses attitudes sarcastiques la blessaient profondément. Au lieu de rester détachée et revancharde, comptable des frustrations entassées, elle gagnerait à exprimer la tristesse et pas seulement la colère, ce qui permettrait de renouer la proximité physique et affective. Mais elle ne sait pas lâcher la rancune et faire la paix.

Le contrecoup de l'hospitalisation d'Oliver va précipiter le couple dans le règlement de comptes, les reproches et la violence physique. La nuit qui suit le retour de l'hôpital se termine sur l'annonce de la décision prise par Barbara : vivre seule dans la maison et divorcer.

Elle est allée très loin dans son aversion pour Oliver. Garder la tête froide dans la séparation ne lui est plus possible. Nous subodorons que sa détermination à écraser Oliver deviendra le but exclusif de sa vie.

➤ « J'ai deux mots à te dire ! » Ces mots en disent long sur la tempête de reproches que vous préparez pour l'autre. Faites de *la colère maîtrisée*, pas un torrent impétueux d'insultes ! Pas non plus de *la colère contrôlée*, tue et muselée. Préférez la reprise de contact à la prise de bec. La première procure le lien, l'autre provoque la blessure.

Pourtant, à ce moment de leur histoire, il serait encore temps pour Barbara et Oliver d'écrire un autre script. De sauvegarder leur union et d'apprendre le bonheur à deux. De mettre un terme à la montée dramatique d'un scénario catastrophe. L'hospitalisation d'Oliver, sa lettre d'amour et son changement d'attitude à la maison, pourraient s'inscrire comme sursauts salutaires. Plutôt que de s'engager dans une impasse, le couple enclencherait la marche arrière et changerait de trajectoire. Ils s'interrogeraient ensemble et sans complaisance sur les obstacles vécus, sur leurs non-dits, sur leurs responsabilités réciproques… Tout un processus de « mise à plat » du passé leur permettrait de « revisiter » les événements, de partager les émotions restées enfouies. Oliver vient de vivre une situation éprouvante dans laquelle il a mesuré la profondeur de son attachement à Barbara. Il a aussi compris que le but essentiel de son existence est de garder l'amour de cette femme et que son travail est secondaire. Les battements du cœur à la place de l'arrogante réussite comme unique objectif ! Devenu lucide et surtout davantage en contact, Oliver s'approcherait tendrement de

Barbara, lui prendrait la main, la serrerait dans ses bras, l'inciterait à s'asseoir. « Mettons-nous face à face, si tu le veux bien. Parlons enfin, sans crier, sans nous déchirer ! Avant de prendre cette décision de divorce, je veux t'écouter, pour entendre de toi tout ce que je n'ai pas perçu, tout ce qui t'a meurtrie dans mes comportements. » Il s'ingénierait à renouer le dialogue rompu, à aller au bout des aigreurs, à « retrouver » Barbara, dans les regards mouillés de l'émotion partagée.

Ils découvriraient un peu plus tard : « Cette crise aura servi à nous rapprocher. »

> Même les plus grandes tornades peuvent nous aider à grandir en tant qu'humains et à devenir des partenaires aimants.

Au contraire, Barbara et Oliver s'éloignent inexorablement et obstinément de leurs vrais besoins. Ils se focalisent, avec détermination, sur l'objectif d'anéantir l'autre ou de détruire ce à quoi ce dernier tient le plus.

Dans le processus de divorce, Barbara revendique la maison dans laquelle elle a tant œuvré.

Cette demeure est devenue un enfer pour elle en raison de la présence de son conjoint abhorré. Oliver doit quitter les lieux, grâce à quoi ils redeviendront ceux de ses rêves. L'exaspération de son exigence est autant due à son investissement passé dans le chef-d'œuvre qu'est devenue la maison, qu'à la volonté inexorable et farouche de déposséder Oliver. Pourtant, elle sait qu'il ne renoncera pas. Elle veut lui faire payer des années de frustrations. Dans ce duel, la résidence du couple devient à la fois l'enjeu et l'arme de la guerre.

Vient le moment de la confrontation dans le cabinet d'avocat. C'est le début de la guerre impitoyable que se livreront les époux. Barbara se montre d'abord, par la voix de son défenseur, faussement magnanime dans le renoncement à la pension alimentaire ainsi qu'aux droits sur les émoluments professionnels de son mari. Puis, pour mieux porter l'estocade, elle réclame la maison et enfin achève son mari par une utilisation impudique de la lettre d'amour écrite à l'aube de ce qu'Oliver pensait être sa mort à l'hôpital.

Dans la surenchère sur la cote d'alerte, comme dans les stratégies de combat, les partenaires de couple exploitent au maximum ce qu'ils connaissent de l'autre : ses points faibles pour le surprendre et ce qu'il aime pour le détruire.

> Dans l'escalade sur la cote d'alerte, le but poursuivi par l'un des partenaires ou par les deux n'a rien à voir avec le bonheur de chacun ni avec la réussite du couple. Nous réglons des comptes anciens !

Attardons-nous sur ce que pourrait être une séparation cote d'amour : Barbara est légitimement très attachée à sa maison. Elle l'a trouvée seule, l'a transformée. Elle a investi toute sa vitalité dans l'aménagement. Mais cette énergie aurait dû, en grande partie, être destinée à la préservation du couple.

Barbara obtiendrait sûrement, à l'issue du divorce, de rester dans ce lieu, en prenant avec Oliver le temps de se remémorer les moments d'amour et les bons souvenirs familiaux. En tout cas, en formulant une demande et non une exigence, elle aurait plus de chance d'être entendue. Oliver, sans doute réticent, resterait ouvert à sa requête et envisagerait avec elle des options, pour la satisfaction des deux, jusqu'à ce qu'un compromis acceptable soit trouvé.

Au lieu de cela, l'intransigeance de Barbara dans le cabinet de l'avocat est vécue comme un ultimatum irrecevable pour Oliver. Il se mure d'autant plus dans son refus, que sa femme l'humilie en ridiculisant sa déclaration d'amour.

Les paliers de la montée en puissance du drame conjugal sont impitoyablement franchis par l'un puis par l'autre : dans la maison, Oliver scie les talons des innombrables paires de chaussures de Barbara. Celle-ci se rend chez un ami du couple et le provoque sexuellement. Oliver tue « involontairement » le chat adoré de Barbara et saccage la réputation professionnelle de sa femme, par un comportement abject. Barbara écrase la belle Morgan d'Oliver avec son 4 × 4 et casse les porcelaines qu'ils aimaient tous les deux, visant clairement Oliver... Ils n'en finissent pas d'être « créatifs », dans la montée de la violence.

➤ Donnez-vous le droit de colères saines et justes, adressées à celui ou celle qui en est le destinataire. Ne les décalez pas, ne les déplacez pas, ni dans le temps, ni sur d'autres « innocents ». Ne les contenez pas. Ne les capitalisez pas dans les silences et l'étouffement. Elles se transformeraient en haines inépuisables.

Une dernière fois, avec maladresse, Oliver tente de raccommoder son couple. Il continue d'être prisonnier de sa dépendance sexuelle et domestique, de son aliénation amoureuse à Barbara. Sans doute dans le but d'amadouer sa femme et peut-être d'aller vers un horizon de paix, il apporte un vieux vin dans la salle à manger. Il avance une chaise à Barbara près de la table : « Je suis encore amoureux... Je te désire comme avant... Il y a moyen de tout rattraper... »

C'est un moment où tous les deux, en contact avec leurs sentiments, s'accordent sur le désastre de leur couple. Malgré la tragédie vécue jusque-là, ils pourraient encore refaire couple ! Ils ne s'en donnent pas les moyens, agrippés exclusivement à la vengeance. Celle-ci va les conduire à mourir plutôt que lâcher prise.

Dans la scène finale, d'abord accrochés au lustre

monumental de l'entrée de la maison, ils finissent par s'écraser sur le sol en marbre. Dans un ultime geste d'agonie, Oliver tente de toucher le bras de sa compagne. Elle le repousse.

Les « Rose » meurent ensemble sans s'être rejoints.

Existe-t-il un peu des « Rose » dans votre couple ?

Nous vous invitons à présent à y réfléchir !

➤ Dans les domaines suivants, interrogez-vous sur votre degré d'implication, de retrait, d'indifférence, de pouvoir :

- ❑ La gestion matérielle de la maison
- ❑ L'argent du ménage
- ❑ Les relations sexuelles
- ❑ L'éducation des enfants
- ❑ La nature des sorties, des loisirs et des vacances

➤ Qui décide dans le couple ?

➤ À propos de quoi êtes-vous :

- ❑ Plutôt d'accord ?
- ❑ Souvent d'accord ?
- ❑ Plutôt en désaccord ou en opposition ?

➤ Êtes-vous boudeur ?

- ❑ Combien de temps boudez-vous ?
- ❑ Qu'est-ce qui vous permet de sortir de votre comportement (le temps ? l'attitude de votre partenaire ? votre lassitude ? le désir de renouer le lien ? un peu de tout ?)
- ❑ Qu'auriez-vous besoin de décider et de mettre en place pour écourter et même « abolir » la bouderie ?

Escalade inévitable sur la cote d'alerte : l'amour passion et la jalousie

L'amour passion constitue une forme complexe du sentiment amoureux. Trois éléments interfèrent dans la passion : le besoin d'une relation absolue, unique, idéale, exaltante, et deux formes d'amour qui coexistent et s'entremêlent : l'amour oblatif et l'amour captatif.

La passion amoureuse s'inscrit dans la dépendance de deux êtres l'un envers l'autre. On est uni, on possède, on est possédé. On ne peut pas vivre dans une autre forme de relation que la fusion totale du désir et des engagements. On est habité exclusivement par l'autre (du moins le croit-on car l'oubli de soi n'est qu'apparence). L'autre devient l'objet d'une préoccupation sans limite et sans frein.

La jalousie est un sentiment « banalement humain » et universel. Elle est constitutive de tout individu et inscrite dans son patrimoine psychologique. C'est de l'ordre de la pulsion animale et se révèle dans le manque, sur fond d'envie.

Dans les débuts de l'état passionnel de l'amour, il n'y a pas de place pour la jalousie, seulement pour la fusion, qui est un état illusoire et éphémère. La jalousie est le prolongement de la passion et le non renoncement à la dépendance première. C'est une autre forme de passion très narcissique, une passion de soi au grand jour, qui prend inévitablement la suite et qui absorbe toute l'énergie. Elle signe une preuve de l'immaturité du Moi et d'un manque de sécurité intérieure.

Historiquement, dans le parcours de vie du sujet jaloux, il y a des conditions liminaires. La toile de fond est constituée par les traces profondes de l'enfance : des liens précoces à la mère et au père qui ont été des attachements chaotiques. Ils n'ont pas favorisé la sécurité affective intérieure du sujet, laissant des blessures à vif. La crainte d'être abandonné n'a jamais été bien loin. Plus tard, cette crainte a pu s'amplifier avec des sentiments de rejet, d'exclusion, de marginalisation.

L'envie de l'enfant est un fort sentiment de convoitise pour ce qu'il ne possède pas ou ce dont il est privé. Par exemple, être exclu de la chambre des parents où il se passe quelque chose d'enviable. Ou encore par rapport à un cadet, vécu comme le « chouchou » des parents. L'envie, dans l'enfance, est souvent un ressenti exacerbé, très douloureux, où se mêlent le sentiment que les grands sont injustes et la croyance de ne pas être une personne importante à leurs yeux.

La jalousie s'inscrit sur cette capacité fragile, voire inexistante du sujet à se sentir aimé, et donc aimable. Dans une famille « suffisamment bonne », comme disait Winnicott, quand nous étions tout petits, le sentiment de la valeur de soi nous a été donné par le ressenti d'être une personne unique pour les grands. La jalousie a débuté à l'occasion des moments où les adultes aimés étaient occupés par d'autres. Ils ne nous assuraient plus la certitude d'être unique parmi d'autres êtres uniques. Alors c'est une déchirure, une acceptation impossible, une redoutable difficulté à se construire dans l'amour de soi, d'être une personne qui s'aime, s'estime, se fait confiance.

La jalousie est une quête permanente de soi-même, un insatiable besoin de réassurance. Dans la jalousie, malgré les apparences qui clament le contraire, on ne s'aime pas et on ne se fait pas confiance. C'est donc la conséquence d'un gros déficit d'amour de soi.

Dans le processus de la jalousie, le jaloux (ou la jalouse) projette sur l'autre les relations fusionnelles qu'il a effectivement eues avec sa mère ou qu'il aurait voulu avoir. Il n'a jamais vraiment grandi. Le temps vécu de l'amour est immature et infantile, dans la mesure où ce qui est demandé à l'autre est de tout combler ou de tout réparer.

Qu'il existe réellement ou seulement dans l'imagination du jaloux, le rival est un fantasme. Il va faire surgir tout un imaginaire qui est une actualisation de la haine. De la haine éprouvée pour le parent inaccessible qu'on aurait voulu posséder, mais aussi celle pour le parent qui constituait un obstacle majeur à la réalisation de ce mirage de fusion. Ou encore pour la sœur et le frère vécus comme les préférés.

Dans l'éducation de la plupart d'entre nous, on nous a appris que la jalousie est un mauvais sentiment dont il faut se sentir coupable. Par contrecoup, on s'est condamné du fait d'être jaloux, on s'est dit : « Je suis vraiment mauvais, un mauvais frère, une mauvaise fille... »

Dans la jalousie, on est privé de la jouissance saine de l'énergie amoureuse. C'est une terrible frustration et on n'a pas appris à l'exprimer sans dommage, à la contenir, à l'accepter, à la dépasser. Cette privation devient insupportable et génère une tension maladive, assouvie « avec jouissance » dans des comportements destructeurs de vengeance.

Pour nous résumer, la jalousie, c'est toujours un scénario entre Soi et Soi. Elle met en scène des sentiments haineux. On les portait en Soi sans le savoir. Avec des racines bien antérieures au couple.

– À ce propos, connais-tu le mythe de Médée et Jason ?

– N'est-ce pas l'histoire d'un homme qui traverse les mers du monde entier à la recherche d'une Toison d'Or et qui ramène une femme dans ses bagages ?

– Juste ! Mais tu te demandes sans doute pourquoi nous allons écrire quelques pages sur un couple mythologique ancien ?

– Merci de devancer ma question !

– Écoute, même si les tenants et les aboutissants du mythe sont assez incroyables aujourd'hui, ils illustrent bien la naissance d'une passion, comment cette dernière donne lieu à une irrépressible jalousie et comment ce sentiment dévastateur mène au drame le plus effroyable qui soit.

Tu sais déjà que l'histoire de Médée et Jason nous est contée par les Anciens. C'est une grandiose allégorie de l'Amour, de la Gloire, de la Trahison, de la Haine et de la Mort, dans le couple.

Médée et Jason nous fournissent l'exemple d'une union universelle où se mêlent l'amour et les intérêts personnels plus ou moins conscients.

C'est, en apparence, une belle partition amoureuse qui va se jouer entre ces deux êtres. Mais elle s'écrit à partir d'une rencontre, qui n'est pas autre chose qu'une méprise, un quiproquo, car les attentes inconscientes des deux partenaires diffèrent, pour ne pas dire s'opposent. C'est ce malentendu d'origine qui provoquera, après le sommet sur la cote d'amour, la montée des alertes et la mise en acte de drames successifs.

Voici le récit :

Jason est le fils d'un roi grec de Thessalie. Son père a été chassé du trône par son propre demi-frère Pélias. Devenu adulte, Jason va réclamer à l'usurpateur l'héritage royal qui lui est dû. Mais Pélias, pour gagner du temps et avec le secret espoir de se débarrasser de son encombrant neveu, exige au préalable la conquête de la Toison d'Or. Celle-ci est aux mains du roi de Colchide, une terre très éloignée, aux confins de la mer Noire. De surcroît, la Toison d'Or est gardée par un dragon féroce, invincible et toujours en éveil. Pélias confie à Jason cette mission doublement impossible, en raison de la distance géographique et des dangers qui parsèment le voyage.

– Pélias pressent-il que son neveu échouera ou qu'il n'aura pas les moyens de revenir ?

– Il est convaincu que Jason échouera et ne reviendra pas.

Mais Jason n'est pas homme à se laisser décourager par cet obstacle qui se dresse devant lui. À la manière des héros de contes de fées et malgré les épreuves qui jonchent son futur parcours, il imagine déjà la possibilité de récupérer le trône de son père. Ne perdons pas de vue aussi que c'est un très jeune homme, fougueux et ardent. Dans la conquête de la Toison d'Or, il s'agit aussi pour lui d'un voyage initiatique au sortir de l'adolescence, un défi, la poursuite d'une lointaine et peut-être inaccessible étoile.

Le psychanalyste C. G. Jung considérait la Toison d'Or comme le symbole des objectifs que se donne un sujet à la recherche de son épanouissement personnel, une sorte de quête de vérité et de pureté spirituelle, un idéal personnel, un Saint Graal.

– Je vois ! Donc Jason est prêt à tout, ou presque, pour se réaliser en tant qu'homme !

– Oui ! Il relève le défi et part.

*Jason embarque sur son vaisseau, l'*Argo, *avec quelques personnages prestigieux de la mythologie grecque. Durant la traversée de la Méditerranée, il se heurte à mille obstacles, s'unit à plusieurs femmes, laisse quelques enfants conçus en chemin, et parvient en Colchide, ultime étape de son voyage. Pour autant, la Toison d'Or n'est pas encore à portée de main car de dures épreuves sont à venir.*

– C'est là que commence la romance avec Médée ?

– Tout juste !

Médée est la fille du roi de Colchide. C'est aussi la petite fille d'Hélios : le Soleil, la Lumière. Sa tante, la magicienne Circé (sous les charmes de qui Ulysse succomba un mois), l'a initiée aux enchantements, aux pratiques de la magie et de la sorcellerie, aux mystères des ténèbres.

Médée a grandi dans la dualité du Jour et de la Nuit. Sa personnalité à deux facettes s'est forgée en référence à la Lumière (Hélios, le Soleil, la Vie, le Bonheur, la Clarté) et à l'Obscurité (la Nuit, le Monde des Défunts, le Sang, la Violence, la Folie Meurtrière). Gardons bien en mémoire cette dualité. Car dans le destin qu'elle va partager avec Jason, Médée se montrera sous ses deux aspects contrastés, d'abord dans l'Amour et le Lien, puis dans la Haine et la Folie.

– Sans aller aussi loin, nous sommes tous des êtres d'Ombre et de Lumière. Dans notre couple, nous avons cru nous rencontrer dans la clarté, alors qu'il s'agissait essentiellement de l'attraction de nos zones obscures. Ce que nous avons déjà constaté chez Véronique et Charles, Sylvie et Mathieu et d'autres.

– Oui, sans aucun doute.

La rencontre entre Jason et Médée a lieu au moment où Jason débarque de son vaisseau en Colchide. La jeune fille l'aperçoit et tombe instantanément amoureuse de lui. Ovide, le poète romain, nous décrit bien ces premiers instants dans son ouvrage Les Métamorphoses *:*

« Elle le contemple. Elle tient les yeux fixés sur son visage. Il lui semble, dans sa démence, que ce ne sont pas les traits d'un mortel. Elle ne peut plus détourner ses regards de lui. »

– Mais pourquoi parler de « démence », alors que nous avons là le spectacle d'une jeune fille sous le charme d'un beau garçon ?

– C'est une anticipation d'Ovide sur ce que va vivre Médée. Mais, tu le verras plus loin, le mot de « démence » est juste.

Donc Médée éprouve un coup de foudre, un éblouissement immédiat. Elle est aveuglée. Son regard est capté de manière hypnotique C'est la passion immédiate et unilatérale de Médée pour Jason.

En Jason, Médée sous le choc voit son Double, un autre Soi-Même. Car ce qui est troublant dans toute passion, c'est que très souvent cet Autre nous apparaît comme notre propre image. Médée se reconnaît en Jason. Ce sont deux grands adolescents, au corps semblable, juvénile et peu sexué. Sur leurs visages quasi identiques, les traits sont fins et doux. La ressemblance est frappante. Médée, en Jason, reconnaît son jumeau. Elle le regarde amoureusement, et pressent qu'elle est dorénavant prisonnière de cet homme.

– La réciproque est-elle vraie ? Jason tombe-t-il amoureux de Médée au moment de la rencontre ?

– Le mythe ne précise pas ce qu'il en est de l'émotion de Jason, quand il aperçoit Médée. Ce qui est sûr, c'est que Jason veut capturer la Toison d'Or et demeurera obstinément orienté vers la conquête du pouvoir. Médée se sent captive de cette flamme irrépressible et restera obstinément attachée à la passion de cet humain jusqu'au drame. Les buts de leurs existences divergent, ils ne savent pas encore à quel point.

Mais poursuivons :

> *Dès sa descente de l'*Argo*, Jason reste fidèle à ce pourquoi il est là : l'obtention de la Toison d'Or. Elle est aux mains du roi de Colchide, le père de Médée, qui refuse de la lui céder. C'est l'intervention de Médée, la magicienne, la sorcière, devenue sa complice, qui sauve Jason de l'échec. Grâce aux baumes et aux sortilèges, Médée aide Jason à s'emparer du bien convoité, après bien des épreuves.*
>
> *Le jeune homme exulte.*

Par cette victoire, Jason persiste dans la fidélité à la figure du père vengé et entrevoit déjà le triomphe final à son retour en Thessalie. Il a accepté la protection et les interventions efficaces de Médée par pragmatisme. Et Médée la bienfaitrice, dans une dépendance aveugle et absolue à l'autre, a sauvé Jason coûte que coûte.

– Au prix d'une trahison envers son père, le roi ?

– Oui, malheureusement !

*Les différents événements tragiques qui accompagnent le rapt de la Toison d'Or contraignent Jason à fuir. Il n'a plus d'autre solution que d'entraîner Médée avec lui à bord de l'*Argo*, pour son voyage de retour.*

Ovide, avec une grande justesse, écrit encore : « Le héros, fils d'Aéson, s'empare de la Toison, et fier de cette dépouille, il emmène avec lui, comme un second butin, celle à qui il doit un si grand service. »

« Butin », « service », des mots qui anticipent déjà sur les difficultés à venir.

– Affranchi de ce « si grand service », Jason se serait-il chargé de Médée ?

– Rien n'est moins sûr…

Il leur reste donc à présent la fuite, au cours de laquelle Médée procède au meurtre de son frère parti à leur poursuite.

– Ah ! je commence à comprendre la démence de Médée !

– Ils fuient tous deux couverts du sang versé. Elle fuit avec celui qu'elle a choisi. Il fuit avec celle qui l'a sauvé, et envers qui il ne sait pas encore à quel point il est redevable. Pour lui, elle a trahi le père, ignoré la Loi, assassiné le frère, renié sa patrie. Elle saura le rappeler à Jason, quand le moment sera venu de faire le bilan du drame et d'ouvrir le livre de comptes du couple.

> Le couple est une embarcation. Rester à quai, l'ancre vissée, risque de la rouiller. Partir en permanence en haute mer, dans la tempête, les turbulences, les paquets d'eau qui submergent, le roulis déstabilisateur, est dangereux. Vivez des *risques* pas des *dangers* !

Sur le chemin du retour vers la Thessalie, et durant la traversée, la Toison d'Or est étendue sur la couche nuptiale, et Médée devient l'amante et la femme légitime de Jason.

Cette union charnelle scelle symboliquement la collaboration effective des deux époux tant dans ce qui a précédé, que dans leur destinée.

La « dette » de Jason envers Médée s'accentue :

De retour en Thessalie, il découvre que son père a été tué par Pélias. Son désespoir et sa fureur sont à leur comble. Ici encore, comme auparavant, Médée prend efficacement le commandement des opérations qui vont sauver Jason. Elle provoque la mort du roi usurpateur, en persuadant habilement ses filles de le plonger dans une cuve bouillante pour le rajeunir. Pélias meurt. Mais la succession des meurtres perpétrés ne permettent pas à Jason de monter sur le trône royal. De nouveau, le couple est contraint à la fuite et se réfugie à Corinthe, où le roi Créon les accueille.

– Toute la question est de savoir si la totale dévotion de Médée à Jason est sincère ou calculée. Agissait-elle pour sauver Jason, avec l'arrière-pensée de l'aliéner à sa personne ou bien était-elle une jeune fille éperdument amoureuse, prête à tout pour le préserver ?

– Tu interroges ici la double composante de la passion d'amour dans ce qu'elle a simultanément d'oblatif et de captatif. Médée s'est-elle jetée dans le brasier du ravissement originaire par innocence amoureuse ? Y avait-il un dessein égoïste dans ses spéculations et ses manœuvres de conquête ? Nous ne le savons pas. Mais c'est sûr, Médée oscille entre l'abdication : « Je me donne à toi. Je te donne tout ce que je suis. Je t'appartiens corps et âme » et la possessivité : « Tu es à moi, à moi seul(e) et tu me dois tout. » La passion de Médée est un troc qui ne dit pas son nom ! Pour la simple et bonne raison qu'il se trame dans son inconscient.

➤ Aimez votre partenaire sans condition. L'amour n'est pas une monnaie d'échange, un placement usuraire. L'amour ne vous doit rien. Votre partenaire ne vous doit rien au nom de l'amour, ou au motif que vous l'aimez. Ne soyez pas le comptable de votre couple : « Si je te donne..., tu me dois... » *Soyez dans la gratitude, pas dans la revendication !*

Les voici parvenus à Corinthe. C'est à présent leur terre d'asile. Grâce aux bienfaits du roi Créon, le couple se porte bien et crée une famille : deux enfants naissent. C'est la cote d'amour. Évoquant Médée, le dramaturge Euripide écrit : « Elle s'entendait sur toute chose avec Jason. »

Arrêtons-nous à présent sur le pacte inconscient de départ des deux partenaires :

Médée, par amour, a scellé sa vie à Jason depuis l'instant premier de la rencontre. Elle a œuvré, au-delà de ce qui est pensable, pour aider, secourir, sauver l'homme qu'elle aime et à qui elle voue une passion exclusive et irréfléchie. Elle n'a pas hésité à sacrifier autour d'elle ceux de ses proches qui s'opposaient à ses desseins amoureux. Elle se prépare à une union éternelle avec Jason, qu'elle aime de tout son être, auprès de qui elle se sent protégée et en sécurité : « Pressée sur le sein de Jason... entre ses bras, je ne redouterai plus rien. » (Ovide)

Jason n'est pas vraiment amoureux de Médée. Il a saisi « le don » de Médée comme une opportunité servant son projet ambitieux. Pour autant, sans partager la passion de cette femme, devenir l'époux de Médée n'est pas une mésalliance : comme lui elle est jeune, comme lui elle est fille de roi, comme lui elle est courageuse et sait affronter les épreuves. De surcroît, ce qui ne gâche rien, elle détient des pouvoirs surnaturels. Il l'admire.

Homère fait dire à Jason au sujet de Médée : « Il

n'y a rien qui lui soit impossible... Elle peut arrêter la course des étoiles et même celle de la lune. »

Le rayonnement de Médée le flatte.

L'harmonie du couple a été parfaite durant les différentes étapes du vol de la Toison d'Or, au cours des pérégrinations du voyage de retour, et maintenant dans les premiers temps de l'installation à Corinthe.

Aucune alerte en vue !

Pourtant cette trajectoire naissante avait de quoi alarmer les deux époux sur leurs zones d'ombre respectives.

Durant tout le voyage des Argonautes, Jason n'a pas cessé d'être un homme courageux et persévérant, tant dans les événements successifs de la conquête de la Toison d'Or que dans la reconquête du trône paternel. Dans son ambitieuse ascension, les aspirations personnelles sous-jacentes n'ont rien de condamnable en soi. À travers elles, Jason grandit, se construit, acquiert une densité d'homme. Mais Jason est aveuglé par ce qu'il convoite et, pour réussir, il est prêt à tout. Ce qui pose un grave problème. Il méconnaît les conséquences de ses actes et surtout des moyens mis en œuvre pour parvenir à ses fins. Dans sa zone d'ombre, se situent l'absence de réflexion et de recul objectif, mais aussi sa légèreté à transiger avec sa conscience. Il accepte l'investissement sans limite de Médée dans la réussite de son projet de conquête, au prix de meurtres répétés.

– En d'autres termes pour eux deux : la fin justifie les moyens !

– Exact ! Regardons à présent ce que nous pouvons déceler dans la zone d'ombre de Médée. Elle abrite un contraste assez saisissant.

D'une part, un amour éperdu et souverain pour Jason et, d'autre part, une indifférence totale (dans le feu de l'action) aux actes commis : la trahison du père, l'assassinat du frère puis du roi Pélias, l'exil loin de la terre natale. Tout se passe comme si le cœur de Médée, rempli à ras bord par l'emportement amoureux vers Jason, ne pouvait laisser place au moindre émoi de compassion humaine. Pour servir le projet de Jason et sa passion amoureuse, Médée agit et affiche la plus parfaite froideur pour ce qui les entoure. Entre l'attendrissement et la barbarie, elle semble avoir choisi son camp, sans état d'âme : pour réussir elle choisit la seconde.

– Pourtant, quand nos patients nous parlent de leur passions amoureuses, ils évoquent souvent un sentiment omniprésent : la culpabilité. Ils sont conscients d'être aimantés par le vertige et tout aussi conscients d'en être désemparés. Ils disent : « Je sais bien que je me détruis, que je me ronge, que j'abandonne les miens. Je m'en veux, je me mettrais des claques ! Mais je n'y peux rien, la passion est plus forte que ma volonté. » Médée n'éprouve-t-elle pas de culpabilité ?

– Peut-être. Mais rien ne permet de l'identifier durant cette première partie.

Les choses se gâtent. La montée sur la cote d'alerte entre Médée et Jason éclate au moment où le roi de Corinthe, Créon, flatté d'accueillir sur son sol un hôte de qualité, propose à Jason de devenir le mari de sa fille Créüse. La proposition de mariage avec la fille de Créon convient à Jason.

S'unir à la fille du roi est déjà en soi une alliance de position sociale. Elle s'inscrit dans la trajectoire logique de son histoire familiale. Qui sait ? Un jour peut-être, grâce à ce mariage, il deviendra enfin roi.

C'est pourquoi il n'hésite pas. Il balaie d'un trait son union avec Médée et ne s'embarrasse pas de formes pour se séparer d'elle. Pour lui, l'affaire est entendue. Il va s'unir à Créüse, Médée doit quitter Corinthe et s'exiler avec les deux enfants. Il tourne la page, et choisit une vie nouvelle, préparatoire à son futur statut de roi.

– On peut s'interroger sur l'égoïsme et le cynisme de Jason, dans cette « invraisemblable » décision !

– Oui et non. Oui, si on regarde le mythe sous l'angle moral, non, si psychologiquement on retourne en arrière, au pacte de départ et aux attentes implicites de Jason envers Médée. Tout allait bien pour Jason, tant que les buts poursuivis, mus par les forces de sa filiation royale, étaient couronnés de succès. Tant que l'amour de Médée était compatible avec ses desseins, aucune raison de remettre en cause l'apparente cote d'amour. Dès lors que cet amour entrave la poursuite de l'ambition, alors il est rejeté. En fait, depuis le début, Jason est fidèle à lui-même et à son but.

> *La nouvelle de sa répudiation plonge Médée dans un état de choc. Le premier séisme pour elle se situait au moment de sa rencontre amoureuse avec Jason. Le second survient à présent que Jason se détourne d'elle. Son futur vole en éclats.*

La vengeance de Médée est un scénario en trois actes.

> *C'est d'abord dans l'accablement et l'effondrement que Médée vit les premières affres de son désespoir. Elle ne mange plus, reste couchée, prostrée, terrée. En étant trahie, Médée n'est pas seulement abandonnée, elle est dépossédée d'elle-même et de sa sécurité intérieure. Elle pleure « son père chéri », qui n'est pas à ses côtés, pour la soutenir dans cette adversité. Anéantie de douleur, désemparée, elle se consume dans une solitude silencieuse, seulement entrecoupée de longs hurlements d'animal blessé. Elle veut mourir, elle le crie. Tout entière tournée vers elle-même, centrée sur son infortune, elle hurle : « J'ai subi des malheurs dignes des pires plaintes. » Tout son univers se réduit à l'extrême solitude. Sur cette trame, l'abandon est une torture.*
>
> *Elle est aliénée à sa douleur. Elle n'est plus rien, puisque celui qu'elle aime la rejette. Médée n'est plus femme ; elle est niée, piétinée dans sa féminité, dans cette animalité instinctive, sur laquelle elle a édifié sa passion amoureuse. Son lit nuptial, celui qu'elle croyait indestructible depuis la traversée sur l'*Argo*, est déserté pour la couche d'une jeune fille. Elle suffoque,*

ne sait pas encore que c'est de rage, mais elle ne saurait l'ignorer longtemps. Des émois irrésistibles montent en elle, se conjuguent, se fortifient les uns au contact des autres, enflent et évincent le désarroi : l'humiliation subie, la jalousie envers Créüse la rivale et le sentiment d'avoir été trahie, flouée par Jason.

Les événements l'avaient plongée dans le désespoir et l'immobilité, ils vont maintenant devenir les ressorts du deuxième acte.

– Médée pourrait agir comme la Sylvie de Mathieu, se battre pour récupérer l'homme qu'elle aime. Ou encore renoncer, faire ses paquets et quitter Corinthe avec ses deux enfants. Elle serait davantage dans le principe de réalité, non ?

– Je suis d'accord, mais le script du mythe ne s'écrit pas ainsi parce que Médée est jalouse. Elle est rongée par la jalousie.

Dans le deuxième acte de la passion de Médée, l'immobilité dans le désespoir va laisser la place à une fixation délirante sur autrui. En l'occurrence sur Jason et sur la rivale Créüse.

Médée était dépossédée, c'est une histoire ancienne... L'avenir pour elle, c'est d'être à présent habitée par un sentiment de violence, qui va tout balayer sur son passage et par la volonté de détruire. Médée à partir du moment où elle « se quitte », pour se focaliser sur sa vengeance, entre dans une véritable transe hypnotique, qui ne cessera qu'avec l'épilogue.

Elle ne s'appartient plus, c'est la haine qui prend possession d'elle. Une marée qui l'emporte !

Commence alors un lent et irréversible processus d'accélération de sa démence : celui de la vengeance, de la montée en puissance de la pulsion de mort envers autrui, de la folie meurtrière qui lui fera commettre le pire.

Médée voulait mourir, elle ne le veut plus. Ce qui

l'anime à présent, c'est l'anticipation de la mort de l'autre, qui l'a bafouée et humiliée. D'un Autre encore plus vaste et pas seulement réduit à un humain. Jason va payer le prix de son malheur et Médée entend élargir le cercle des souffrances. Elle savoure son projet, chérit sa jouissance de faire mal.

– Ce que tu racontes là donne le frisson, comme dans l'enfance avec les histoires d'ogres et de sorcières. Avec ce mythe, comme avec le film *La Guerre des Rose*, on voudrait croire à de pures fictions. Et pourtant, dans nos cabinets de thérapeutes, nous avons rencontré des couples au sein desquels chacun était une véritable bombe humaine, chargée d'explosifs. Des grenades de colères non dégoupillées, mais prêtes à l'être, sentant la poudre du meurtre. Quand la détresse prend le dessus, le suicide n'est pas loin. On le voit bien, la douleur et la terreur de ce qui peut se passer conduisent parfois à la folie.

– La trahison de Jason entraîne Médée dans la folie, à la perte du Sens et du Contact avec la Réalité. Elle réduit ce sens à son plus petit dénominateur. C'est comme si elle se disait : « Il n'est pas question de perdre Jason, autrement qu'en anéantissant ce qu'il aime et en causant sa perte. »

Médée reprend goût à cette existence, qu'elle pensait pouvoir quitter, et consacrera toutes ses forces à détruire. Elle veut un châtiment exemplaire pour Jason. Elle y trouve une jouissance « exquise », un raffinement « délicieux », délectable, euphorique. Jason était objet d'amour, il devient objet d'horreur.

Créon, le roi, ne porte pas Médée dans son cœur. Pour lui, elle reste une intruse, une étrangère sur ce sol grec, une sauvage venue d'ailleurs. Il se méfie d'elle, la sait capable du pire en matière de meurtres et « compétente en bien des méfaits ». Instinctivement, il pressent que sa fille Créüse est en danger si Médée répudiée reste à Corinthe. Dans la guerre qui va opposer les deux époux, le roi ne reste pas neutre. Il rudoie Médée, la chasse de Corinthe, en la sommant de quitter les lieux immédiatement, avec ses deux enfants.

Médée, déjà tout entière dans son projet de vengeance, dissimulé aux yeux d'autrui, cherche et trouve une manœuvre dilatoire : elle obtient du roi quelques heures de sursis, en vue de régler les questions de son exil. Elle savoure intérieurement avec une jubilation mortifère, ce qui prend forme dans son esprit, que la raison a quitté.

Une scène violente éclate entre Médée et Jason.

C'est un moment crucial où le passé du couple est revisité à coups de reproches réciproques.

– Voilà bien à présent l'ouverture du livre de comptes, dont tu nous entretenais plus haut, où chacun dans le couple dénie à l'autre l'aspect positif de ce qu'il a entrepris par le passé, et l'accuse sans ménagement !

– Oui. Et cette scène de ménage, par son contenu, est d'une grande modernité. Elle pourrait tout aussi bien être vécue par des couples que nous connaissons.

Médée traite son époux de lâche, lui rappelle qu'elle l'a sauvé, qu'elle a trahi les siens pour lui... et qu'il ne tient pas sa parole.

Jason, en colère, blâme Médée d'avoir davantage reçu de lui que l'inverse. Il estime qu'elle a profité de l'hospitalité de la terre grecque, des lois et des règles de ce pays civilisé. Médée y a acquis la gloire, à travers leurs exploits passés : « Tous les Grecs savent que tu es savante. »

Chacun présente à l'autre sa note de frais !

– Oui, on le voit assurément dans les crises de la montée sur la cote d'alerte, les partenaires d'un couple minimisent le rôle de l'autre, et en dénient la portée : « Ce que tu as fait pour moi, c'est seulement ce que tu savais faire. » « Tu as utilisé ce que tes parents t'avaient appris. » « Ce n'est pas extraordinaire, n'importe qui aurait agi de la même façon ! » Ils contestent à l'autre la valeur de ses gestes : « Tu m'as soutenu(e) par égoïsme, par calcul, pour te rendre intéressant(e). »

– Ce qui arrive à Médée et Jason dans cette scène est de cette nature.

Nos deux époux mythologiques surenchérissent dans un registre similaire. Jason est impatient de se débarrasser de Médée. Avec l'autorité insolente de l'homme cruel qui décide et dicte l'avenir de la femme, il exige que Médée s'exécute sur-le-champ. Puis il se radoucit et tente de la convaincre du bien-fondé de sa décision. Il argumente : se marier avec la fille du roi est une bonne alliance pour l'avenir de la famille qu'il forme encore avec Médée et les enfants. Cette union procurera aux enfants des frères de sang royal.

– En somme, il cherche à l'amadouer. Son « Petit Prof » l'engage à se méfier de celle qu'il croit connaître !

– Oui, mais pas assez. Même s'il sait de quoi elle est capable, il n'imagine pas la suite.

Médée est rusée, elle n'est pas dupe des arguments fallacieux de Jason. Elle feint d'en être convaincue, au point de proposer la paix entre eux et la préparation d'un cadeau pour Créüse. Le stratagème fonctionne : Jason loue le sens raisonnable que Médée retrouve. Il s'en va, crédule et soulagé, vers sa nouvelle femme.

– Il faut s'attendre à des rebondissements !

– Exact, c'est le commencement du troisième acte. Tout va très vite. Médée sait qu'elle ne reverra pas Jason, et se laisse emporter, tel un torrent impétueux, dans le processus de la folie, née de sa passion assassinée. « Elle se précipite dans l'abîme. Il n'y a aucune délibération », nous dit Pascal Quignard dans *Le Sexe et l'Effroi*.

En gage d'« apaisement », elle fait porter une robe nuptiale empoisonnée à l'innocente Créüse. Celle-ci, sans méfiance, la revêt et meurt, provoquant dans sa chute mortelle l'incendie du palais royal de Créon.

La jalousie amoureuse de Médée passe d'abord par l'élimination de la rivale. La princesse Créüse est le miroir de Médée, et de sa sexualité bafouée. Et ce n'est pas assez qu'elle meure, pour assouvir la vengeance de Médée envers Jason. Il faut que Jason souffre encore davantage dans sa chair, qu'elle venge sa libido blessée, qu'elle assouvisse son « thymus » (Pascal Quignard). Et comment mieux y parvenir, sinon en allant au bout des destructions qui se rapportent au lit bafoué, c'est-à-dire en tuant les enfants innocents de son union passée avec Jason ?

Médée assassine ses propres enfants et l'infanticide provoque l'apaisement de sa fureur. « La douleur me profite », répondra-t-elle à Jason désespéré, mais suffisamment lucide à présent pour lui dire : « Tu les as tués à cause d'un lit ! »

Le lit déserté est vengé.

Triomphante, Médée quitte Corinthe sur un char tiré par deux dragons ailés, et se dirige vers Athènes, où elle se remariera.

– Et donc l'histoire va se répéter ?

– Assurément.

*Quant à Jason, après avoir erré de ville en ville, il rejoint l'*Argo. *Il meurt, écrasé par la poupe du vaisseau.*

La dimension mythologique des deux héros Jason et Médée demeure très actuelle. Les thèmes de leurs montées sur la cote d'alerte sont ceux de bien des couples : le pouvoir, le mensonge, l'adultère, la sexualité bafouée, la jalousie, la vengeance, les « dettes » et les enfants innocents qui paient…

Pourtant, comme d'autres, ils auraient pu guérir.

– L'amour-passion peut-il vraiment évoluer dans un couple ?

– Oui ! Chacun va devoir grandir et passer de l'ère

infantile au stade de partenaire « majeur ». Ce qui nécessite de se recentrer sur soi et de s'aimer davantage. Pas de façon égoïste, égocentrique, exclusive, avec un égo surdimensionné. Mais pour se faire confiance, se protéger, se féliciter, s'encourager.

En même temps, la préoccupation de l'autre partenaire doit se modifier. Devenir oblative et non plus possessive. On passe de la destruction à la construction, de la dépendance à l'interdépendance et cela demande du temps, des expériences, du dialogue, de la patience.

Chaque partenaire renonce à vivre en permanence sur les sommets émotionnels et les excitations provoquées par l'intensité des sentiments premiers. Les deuils, pour y parvenir, sont difficiles et coûteux psychologiquement. Mais on y gagne en tendresse, en douceur, en tranquillité. Et c'est plus durable...

Scènes conjugales et paix active

La scène conjugale est une pièce tragi-comique, au cours de laquelle on mélange tout : l'assiette mal lavée, le mauvais pli sur la chemise repassée, la tenue des enfants à table qui laisse à désirer, la voiture mal garée, le plat de viande pas assez salé, l'appartement trop petit, l'autre qui ne s'arrête pas pour laisser passer les piétons, la chambre mal rangée…

La mauvaise foi et la mauvaise humeur sont des hôtes de choix. L'humour n'a pas sa place.

La scène peut être quotidienne et démarrer pour n'importe quoi. Le contenu est un prétexte. La cause est plus profonde et ailleurs : dans des ressentiments accumulés par l'Enfant de chacun, des déceptions, des frustrations, des manques et des modèles de comportements qui viennent de très loin dans notre histoire.

Les scènes conjugales se définissent comme des montées de tensions émotionnelles, de sentiments de colère à l'égard de l'autre, qui se traduisent trop souvent par des reproches et des insultes. Succession de bouderies et de crises sans résolution, dans leur épilogue, elles génèrent, par leur décharge, un soulagement momentané des dissensions.

D'abord donc, on se fait des reproches. Bien souvent sur des thèmes récurrents : « J'en ai assez que tu ne m'aides pas dans la cuisine le soir. Je fais tout ici, je m'occupe de tout ! » « Arrête de me mettre le grappin dessus, en permanence. J'étouffe ! » « Qu'est-ce que tu fais d'autre ici, à part regarder la télé ? » « Et moi, j'ai l'impression de vivre à la maison, avec une tigresse toujours prête à me sauter dessus. »

On se bat avec des sons qui déforment la bouche, avec les mains, avec les objets qui se trouvent là ! Les mots sont comme des vomissures destinées à se soulager, ou pire comme des haches destinées à faire souffrir l'autre. On hurle, on casse la vaisselle dans l'évier, on fait des gestes obscènes. On tourne autour de la table, on se poursuit au sens propre et au sens figuré.

On se reproche d'avoir changé depuis le début de la relation, d'être différent, et par conséquent de ne pas avoir tenu sa promesse de départ. Mais de quel type de promesse s'agissait-il, sinon de projection de nos attentes irréalistes sur l'autre ? L'autre était bien hier le même qu'aujourd'hui. On n'en avait peut-être pas vu toutes les facettes. En tout cas, on les voyait comme on voulait qu'elles soient !

On agite les vieilles rancœurs, on dévoile ses exigences, qui sont souvent démesurées, et les déceptions énoncées sont à la hauteur de ces exigences ! Dans la scène conjugale, le fiel déversé n'est possible que parce qu'on est centré sur le négatif. On ressasse les mêmes thèmes. On fait table rase du positif, des progrès…

Ensuite on passe aux menaces : on se menace de partir, on se donne des ultimatums, on dit qu'on n'en peut plus de supporter les comportements de l'autre, que c'est la dernière fois… Et pourtant la scène se répète cent fois sur le même mode. Le cauchemar se ritualise.

Et puis on se tait, on n'a plus rien à dire, à se dire. On claque la porte avec violence et on s'en va. Une certaine forme de soulagement momentané s'installe. Puis la crainte de l'insupportable rupture, du trop « gros » drame auquel on est peut-être parvenu, nous étreint. Et le moment de la désescalade débute, sans aucune réelle amélioration relationnelle.

➤ Lecteur, êtes-vous coutumier « de scènes » dans votre couple ?
Quel en est le prétexte ? Savez-vous à quoi elles servent dans la relation ?
Pouvez-vous mettre toute cette intensité, non pour casser le lien entre vous, mais pour le maintenir et le renforcer ?

Certains couples prétendent avoir besoin de la scène conjugale. Ils disent qu'elle met du piment dans le quotidien d'une vie trop tiède ou dans la sexualité. En réalité, ils répètent inconsciemment l'atmosphère conjugale houleuse vécue et observée dans leur enfance.

Ils se sont approprié les messages qu'ils ont entendus prononcer par leur entourage, à propos des hommes et des femmes :

« Ton homme, tu le feras tourner en bourrique ! C'est sûr ! »

« Faut toujours avoir le dernier mot ! Même si tu as tort ! »

« T'as pas intérêt à te laisser faire avec les femmes ! Sois le plus fort et élève la voix, tape du poing sur la table, c'est tout ce qu'elles méritent ! »

Il apparaît que deux processus opposés de la scène conjugale servent les modalités de la sexualité : dans certains cas, la scène conjugale, avec son éventuel cortège d'injures, d'invectives, de violences physiques préfigure la scène « d'amour » sexuel. Elle en est la condition première et le passage obligé pour obtenir une excitation intense avant de se retrouver au lit. Dans d'autres cas, la scène est le meilleur moyen et la justification pour éviter le contact. Les jeux favoris du couple pourront alors se répéter : bouderies, ruminations solitaires et jeu de *Sans Toi* [1].

Dans les situations de crise du couple, les plaies du

1. Sans Toi : jeu psychologique, au cours duquel l'un des partenaires se plaint d'être brimé par l'autre. La plainte permet de maintenir intacte la résistance au changement de soi, puisque c'est l'autre qui est responsable des problèmes rencontrés.

passé s'ouvrent à nouveau. Si elles ne sont pas amalgamées avec ce qui se passe dans le présent, elles peuvent être de précieux indices pour traiter la cote d'alerte du couple, indépendamment des *élastiques* [1] liés à notre histoire de jeunesse.

Voici deux situations de crises dans le couple, auxquelles s'accrochent les élastiques de chaque partenaire :

Au cours d'une discussion, Nathalie affirme ne pas se souvenir d'une recommandation de Bernard, formulée la veille. En l'écoutant parler, Bernard reste incrédule. Il en est certain : Nathalie se moque de lui et fait semblant d'avoir oublié. Elle le manipule. Elle ne lui dit pas la vérité. Elle veut lui faire prendre des vessies pour des lanternes. Elle se justifie. Elle cherche à gagner du temps… Instantanément, pendant que se déroule la scène actuelle, la charge émotionnelle de Bernard s'amplifie : les battements de son cœur s'accélèrent, son visage s'empourpre, son estomac se contracte. Il n'entend plus ! C'est la rage qui monte en lui. Le ressenti ancien éprouvé dans son adolescence, près d'une mère experte en manipulation et en mensonges, refait surface. La situation présente « tire » sur un élastique de son histoire.

François et Sophie avaient décidé d'aller au cinéma. Ce soir-là, il rentre tard, trop tard pour sortir. Il a passé la soirée avec des copains de fac retrouvés par hasard. Il en est sûr : elle va comprendre, elle ne lui en voudra pas de ce contretemps, on pourra remettre à demain ce qui était prévu. Sophie n'est pas du tout prête à entendre ce que François expose. Elle ressent un poids douloureux dans sa poitrine, sa

1. Élastiques : séquences de pensées, de ressentis émotionnels ou physiques, positifs ou négatifs, traumatiques ou récurrents, qui concernent le passé et qu'une situation présente vient réveiller de manière réflexe. Si par exemple ma mère, pour me mortifier et me punir, m'ignorait et me boudait plusieurs jours, j'en étais désespéré, j'aurais « vendu mon âme au diable » pour qu'elle me regarde un instant, me parle. Je me sentais impuissant… alors plus tard, face à ma compagne renfrognée, je serai désarmé aussi intensément qu'autrefois… Et pourtant mon choix conjugal n'aura pas été le fruit du hasard. Les élastiques sont inappropriés, car ce sont *des récidives*, qui nous empêchent d'ajuster *maintenant* la charge émotionnelle, les sentiments, les croyances, en nous faisant rejouer le même refrain scénarique.

gorge se serre, elle a du mal à respirer. Elle se sent devenir une petite chose sans importance, négligée, non respectée. Elle éprouvait cela déjà dans l'enfance, quand sa mère trop occupée à mener sa propre vie l'abandonnait le soir au profit de ses amants. Ici encore, se situe un élastique lié au passé.

Les moments « d'aujourd'hui » sont surchargés du poids d'un passé étranger à notre couple. Si nous en prenons conscience, alors en partenaires lucides, nous ne réinfecterons pas nos plaies intérieures. Nous serons attentifs à rester dans l'amour, ici et maintenant.

Les élastiques polluent la vie du couple. Ils boursouflent exagérément les dialogues, déclenchent des maux irrépressibles dans le corps. Les découvrir est le premier pas, qui permettra de les « décoller » de notre vie d'aujourd'hui.

« C'est en permanence explosif entre nous. On pète les plombs tout le temps ! Je n'en peux plus. » « Et moi maintenant, les scènes, c'est pareil, je sature. » « Ça sert juste à nous jeter l'un sur l'autre sexuellement comme des bêtes ! »

Jérôme et Astrid ont aujourd'hui la quarantaine.

Nous allons les suivre dans la désescalade et le retour sur la cote d'amour. Nous les interrogeons sur l'atmosphère familiale de leur enfance.

« Des scènes de ménage, chez mes parents, il y en avait tous les jours, dit Jérôme. Je me mettais au lit et je priais pour que ça ne recommence pas. Mais presque tous les soirs, c'était des cris et des coups. J'appréhendais la suite. À la fin de leurs violentes disputes, j'entendais mon père monter seul dans la chambre du haut. Ma mère venait en pleurs me demander d'aller lui dire que c'était un salaud. Je me revois au milieu de l'escalier. J'étais entre deux feux. J'aurais voulu ne pas exister. Ma mère attendait : "Tu dois faire ça pour moi !" Je m'exécutais, la mort dans l'âme. Mon père me lançait : "Dis à ta mère que c'est une emm... Elle n'a qu'à pas commencer de me faire ch... et tout se

passera bien." Je n'arrivais plus à m'endormir. Et tout "ce cirque" a duré jusqu'à leur séparation quand j'ai eu dix ans et que mon père est parti de la maison avec une femme. On est restés seuls avec ma mère ! Aujourd'hui, je sais que mes parents n'étaient que des enfants. »

« Moi, dit Astrid, c'est ma mère qui criait sur mon père. Elle l'humiliait sans arrêt, elle le traitait comme une serpillière. J'avais mal pour lui, il ne se défendait pas. Ma mère hurlait que c'était pas suffisant de porter un pantalon, encore fallait-il qu'il y ait quelque chose dedans ! Pourtant quand il essayait de s'approcher, elle l'envoyait promener ! Elle minaudait juste quand elle avait besoin de lui. Par exemple pour obtenir l'argent de ses robes. »

Jérôme, dans son enfance, a été non seulement un auditeur forcé, mais aussi un acteur obligé de l'amour violent de ses parents. La peur, l'agressivité ont accompagné la construction de sa vie.

Quand le père quitte le domicile conjugal, il y laisse son fils. Il le prend avec lui certains week-ends et lui raconte ses ébats sexuels. Plus tard, quand Jérôme sera adolescent, son père lui fournira même des femmes !

La mère participe pleinement aux yeux de Jérôme à la destruction de l'image du couple parental. Elle voue à son ex-mari une haine inextinguible. Elle le discrédite constamment quand elle en parle à son fils.

Elle ne dit plus jamais « ton père » mais « l'autre ». Elle exige de Jérôme, devenu le « petit homme » de la maison, qu'il exécute des coups bas contre son père : crever les pneus de sa voiture, le surveiller dans ses rendez-vous... Elle se présente en victime de son ex-mari. Jérôme ne peut que compatir. Il la prend en charge et obéit à ses ordres. Plus tard il lui sacrifie des études passionnantes commencées à Lille, pour ne pas la laisser seule. Et comme elle n'apprécie pas la bande de copains dont il s'est entouré, il s'en sépare.

Au cours des entretiens thérapeutiques, Jérôme exprime les rages et les frustrations accumulées. Il dit : « J'avais une sacrée revanche à prendre avec les femmes ! »

Astrid a été abusée sexuellement par son oncle à la puberté. Ces violences sexuelles ont été rendues possibles par « l'absence » des parents. En effet, durant son enfance, sa mère s'est occupée essentiellement de rester une femme jeune, belle et séduisante. Dans le miroir interrogé avec obsession, elle traquait la moindre ride, signal fatal de vieillissement. Le temps lui a manqué pour être maternelle. Astrid, délaissée, s'est vue confiée à d'autres membres de la famille, auprès desquels elle a cherché amour, sollicitude et protection. Elle les trouve en un premier temps au foyer de sa tante et de son oncle. Elle développe une immense confiance dans ces adultes qui lui paraissent si proches d'elle.

Sur ce terrain d'immaturité juvénile, d'absence de protection des parents, d'innocence et de confiance de l'adolescente, l'oncle va pouvoir perpétrer pendant quatre années ses attouchements, ses photos pornographiques, ses viols.

Astrid se tait.

Dénoncer serait perdre son seul refuge de pseudo-amour. Car l'oncle et sa femme complaisante ne sont pas seulement ses abuseurs, ils l'entourent aussi d'affection. Et puis, à qui le dire ? À sa mère ? Astrid ignore encore que cette mère a été elle-même violée dans son enfance par un frère aîné. À son père ? Il ne communique pas. Elle ne serait pas entendue. Pour Astrid, prendre la parole est impensable. Elle n'a personne à qui se fier ni se confier.

Dans son enfance, le père d'Astrid a été totalement soumis à des parents tyranniques.

Dans le choix de sa femme, il poursuit scénariquement sa dépendance aux figures d'autorité. Il ne se positionne pas comme mari, homme debout et viril. Sa vie conjugale est une succession de castrations psychologiques. Cet homme fragilisé ne se tient pas aux côtés de sa fille en tant que père.

Ni le père, ni la mère d'Astrid n'ont été à leurs bonnes places de parents.

Pour Astrid, sa rencontre avec Jérôme ressemble à la répétition d'un viol. Elle a dix-sept ans. Elle sort d'un intense chagrin d'amour. Son amoureux l'a « plaquée » le jour où elle s'est refusée à lui. Dès les premiers jours, Jérôme lui demande de faire l'amour. Elle se sent piégée, harcelée. Elle pense à fuir et dira plus tard : « Je cherchais le prince charmant. »

La pression sexuelle de Jérôme s'intensifie, par des mots et des gestes. Et comme si ce n'est pas assez, il lui offre une bague en forme de serpent. Morte de « trouille », elle cède. Elle laisse faire Jérôme, s'efforce de contrôler sa peur et les sensations éprouvées dans les ébats amoureux.

Comme dans les viols antérieurs, elle se vit en personne dissociée : une partie d'elle est présente, l'autre s'est évanouie dans le rêve d'un ailleurs improbable.

Plus tard elle dira à propos de cette première nuit de sexualité : « Le matin, je me suis sentie nulle et je me suis dit que Jérôme allait le voir. Cette nuit-là, je lui ai donné mon âme, je ne pouvais pas lui en donner plus ! »

Au moment de sa rencontre avec Astrid, Jérôme est très fier de mener trois liaisons parallèles avec des femmes plus âgées. L'arrivée d'Astrid dans sa vie bouleverse son paysage amoureux. Il perçoit cette jeune fille comme la femme de sa vie. « J'ai tout de suite su que c'était la bonne personne, belle, intelligente, sympa, désirable. »

Mais il n'a pas appris à coordonner les sentiments et la sexualité.

Il se hâte de faire d'Astrid sa maîtresse.

De par ses modèles antérieurs, il ignore la progression amoureuse du flirt, des frémissements de la sensualité. Il est étranger à ces balbutiements respectueux de la sexualité si indispensables à la construction de la relation, eu égard au jeune âge d'Astrid et des viols subis, dont il ne sera informé que quelques années après la rencontre.

Astrid commentera plus tard : « Dès le début de nos relations, j'ai eu l'impression d'être un fantasme sexuel pour Jérôme, une belle fille à mettre dans son lit, sans sentiment d'amour, du moins dans les premières semaines. »

Par manque de confiance en elle, mais aussi envers tous les hommes, elle nourrit cette croyance : « Les hommes sont tous pareils : des salauds intéressés par le sexe et seulement par ça ! »

Et la vie commune débute. Très vite, les menus faits du quotidien deviennent prétextes à des tensions et des disputes, dont seul le paroxysme déclenche les relations sexuelles. Les combats et les scènes de ménage sont impératifs pour se rapprocher dans le lit conjugal.

Jérôme nous dit aujourd'hui : « À cette époque je ne me posais pas de questions. Je me disais que les femmes sont "chieuses" et qu'on les recadre sur un coup de violence. Astrid faisait tout pour que j'explose. Je me sentais cerné. Je me disais que j'allais lui faire peur et ça remettrait les choses au point. »

Quand les scènes conjugales éclatent entre Astrid et Jérôme, la réconciliation sur l'oreiller donne lieu à des rapports forts, intenses, passionnels. « C'était très bon », dira Astrid. « C'était la seule voie pour récupérer la communication entre nous », complète Jérôme.

Ils sont encore quelque peu nostalgiques aujourd'hui, par certains côtés, de cette excitation incontrôlable et incontrôlée. Astrid commentera même : « Dans mon histoire, la sexualité étant une forme de violence, mon agressivité envers les hommes pouvait ainsi se décharger après "les coups de gueule" de Jérôme. Il fallait faire monter la pression. Notre sexualité bestiale, tonique était un rut et une fête sauvage. »

Jérôme et Astrid ne se marient pas, car tous les deux allèguent que les épousailles feraient capoter leur couple.

Inconsciemment, pendant de nombreuses années chacun des partenaires s'arrange pour avoir de bonnes raisons de refuser, quand l'un ou l'autre s'avise d'évoquer ce projet de mariage.

Pour eux deux, le couple est une nécessité sociale destinée à mettre au monde des enfants mais une utopie relationnelle. La vie commune est une corvée, cependant nécessaire. La sexualité conjugale ressemble à un combat. Les hommes sont des dictateurs ou sont dévirilisés par leurs femmes. Les femmes, au pouvoir ou victimes dans le foyer, ne s'épanouissent pas. La violence plane toujours : sexuelle, économique, domestique…

Le crescendo sur la cote d'alerte se poursuit. Astrid se plaint de l'absence de communication, ne sait pas comment rendre l'intimité possible. Jérôme de son côté souffre d'une disette de la sexualité en dehors des crises, mais n'imagine pas non plus d'autres issues que ces dernières pour obtenir des retrouvailles conjugales. Ils formulent tous les deux aujourd'hui : « C'était la surenchère dans la connerie ! »

Jérôme et Astrid se replient et boudent l'un après l'autre. Faire mal au conjoint est primordial et c'est chacun pour soi. « Même si parfois on savait que l'autre ne faisait pas la tête à cause du couple, on en profitait pour en rajouter. »

C'est la compétition et l'escalade. Chacun se targue de vivre des journées pires que l'autre : ennuis au travail, disputes avec les collègues, stress à propos des enfants, occupations trop nombreuses à la maison, régularité épuisante des courses, des repas, des comptes, des réparations, des démarches incontournables...

➤ Chaque instant de votre quotidien à deux est une parcelle de vie, que vous pouvez positiver ou gâcher. Que voulez-vous ? Que choisissez-vous ?

Jérôme et Astrid ne se parlent parfois plus que pour le strict nécessaire, et encore !

Le schéma de leurs relations de couple se répète inlassablement : carence de communication → manque de sexualité → crises → explosion → sexualité → communication, et provoque davantage de malentendus, de conflits, de détachement.

➤ N'étouffez pas votre « moi » profond. Donnez-lui des situations, des attitudes mentales, psychologiques, comportementales, dans lesquelles il pourra respirer et s'épanouir.
Votre identité propre est indispensable au déroulement de votre vie. Ne soyez pas absent à vous-même.

Astrid éprouve de moins en moins de désir et envisage de se séparer de Jérôme. Quant à ce dernier, il se persuade : « Ça sert à rien de faire des efforts. Avec un tel manque de communication et autant de détachement entre nous, tu bazardes tout, mon vieux. Tu redémarres à zéro avec quelqu'un d'autre ! »

À l'occasion d'une visite chez le médecin, Astrid prend conscience de ce qu'elle fait vivre à son mari, aux enfants et à elle-même. « Je me suis écroulée et du même coup les façades, les mensonges, tout le carton pâte de ma construction. Pour moi et pour le couple, les solutions étaient les suivantes : le suicide, la séparation ou une reprise en main pour aller mieux. »

Astrid commence une thérapie personnelle qui affecte le cours de la vie familiale. Jérôme précise aujourd'hui : « Astrid changeait vite. Je perdais mes repères. De plus, ma maison me devenait hostile elle aussi. En effet, plusieurs inondations consécutives, sans cause apparente, endommageaient la cave. Je n'arrivais pas à les maîtriser. Je me suis dit que, si même les éléments se liguaient contre moi, il fallait que j'y voie un signe et que j'entreprenne quelque chose ! »

Ils décident d'entamer une thérapie de couple.

Révolution pour eux deux ! Ils étaient persuadés jusque-là, que le couple est une chose impossible et que personne ne peut vraiment lui venir en aide.

Pour comprendre le réenclenchement sur la cote d'amour, écoutons Jérôme : « Quand j'ai compris que nous travaillions tous les deux dans la même direction, j'ai commencé à y croire. C'était très rassurant pour moi. On allait dans le même sens. »

Les étapes parcourues sur cette cote d'amour par le couple Astrid et Jérôme, sont décrites a posteriori *:*

Jérôme : « Les discussions aboutissaient enfin. Nous exprimions de la saine colère. Nous découvrions l'intimité. Notre couple commençait d'exister, nous avions des petits moments à nous, sans les enfants, au restaurant et en week-end. »

Astrid : « Je sentais plus de compréhension et moins de jugement de la part de Jérôme. La complicité entre nous s'ébauchait et la confiance aussi. Certains échanges naissaient dans l'intimité. »

Tous les deux s'entendent pour dire qu'ils avaient répété les schémas parentaux, en ne prenant pas soin de leur couple. Ils en sont maintenant bien conscients.

Astrid : « Petit à petit, nous n'étions plus des personnes seules, vivant l'une à côté de l'autre, avec nos enfants. Nous avions envie de construire notre couple. Notre engagement est devenu plus solide et nous l'avons concrétisé par un beau mariage. Puis nous avons attendu notre troisième enfant avec un autre état d'esprit que pour les précédents. Beaucoup de périodes avec les deux premiers enfants avaient tourné au vinaigre et même à l'orage. J'avais eu si peu de lien avec Virginie, ma première fille ! Comme moi avec ma mère. Nous avons beaucoup dialogué, Virginie et moi. C'est comme si je l'avais remise au monde. »

Jérôme s'étonne encore : « Nous avons confiance dans la construction d'un édifice à deux. Nous étions des célibataires avec des enfants. Nous avons ravivé la flamme entre nous. Nous désamorçons souvent les situations à risque. Nous décryptons l'autre et nous gagnons en tolérance entre nous. »

L'un et l'autre s'entendent maintenant pour ne pas escalader dans des cris, pour discuter et ne pas conserver de rancœurs. Faire mal à l'autre a été progressivement abandonné au profit du soutien.

La pierre d'achoppement du couple reste à ce jour la sexualité, devenue certes plus régulière et plus paisible, mais pas encore assez intense à leurs yeux. Par le passé, le sexe, passage à l'acte pulsionnel, déclenchait un moment de communication et un peu d'amour. Aujourd'hui, l'amour, la communication favorisent une sexualité qui manque encore de piment pour ces deux drogués de la décharge sexuelle.

Astrid commente : « La sexualité tendre est venue s'ajouter à la sexualité animale. C'est encore un peu bizarre et dérangeant mais je sens que nous sommes sur le bon chemin. »

Et Jérôme : « Je ne pense plus continuellement au sexe et ça ne me prend plus la tête comme avant. Je peux même être le moteur d'une autre sexualité. »

En élargissant les formes vécues dans leurs rapprochements amoureux, Jérôme et Astrid ont également agrandi les registres de leur communication, pacifié la vie de famille, contacté une réelle intimité et préservé des moments pour le couple.

Corps et cœurs enfin au rendez-vous de l'amour !

Dès la rencontre, le couple de Camélia et Richard dont nous allons évoquer le parcours de survie puis de vie s'est bâti sur une dépendance affective réciproque.

Les ingrédients familiaux de Camélia et Richard ne pouvaient aboutir qu'à une mauvaise « recette » de couple. Or Camélia d'abord, Richard ensuite et le couple enfin ont rompu les chaînes de leur passé tragique.

Quand ils nous consultent pour un entretien thérapeutique, Camélia et Richard ont à peine trente ans. Ils vivent ensemble depuis presque dix ans. Très rapidement ils évoquent ce qui leur paraît problématique dans leur couple : la sexualité. Ils n'ont jamais eu de rapports sexuels complets, car Camélia est vaginique : son vagin se ferme totalement et de manière réflexe au moment de la pénétration. Richard présente une certaine impuissance érectile. Ils désirent cependant un enfant. C'est pour réaliser ce projet qu'ils sont là aujourd'hui.

Camélia est une jeune femme frêle, à l'allure sportive. Son histoire personnelle douloureuse semble l'avoir coupée de ses sensations et de ses émotions. Son intelligence très vive s'est développée dans le domaine scientifique. Avec son doctorat de physique, elle se destine à une carrière de chercheur. Ses sentiments sont complètement bloqués et l'intimité corporelle la terrorise. Aucune trace de féminité sur son corps. Elle a l'apparence d'un oiseau blessé. Dès nos premiers rendez-vous thérapeutiques, elle manifeste une belle détermination à guérir et précise qu'elle a beaucoup réfléchi à sa problématique psychique et sexuelle.

Richard, lui, semble un grand enfant apeuré, presque mort dans son expression affective et terriblement dépressif. Son regard est absent. On dirait que toute la honte du monde s'est abattue sur sa personne. Pour lui aussi, nous comprenons que le mental et le sport ont contribué à lui sauver la vie. Mais, contrairement à sa compagne, le travail thérapeutique et toute remise en cause l'effrayent.

Nous leur demandons de raconter le déroulement de leur union : la rencontre, les premiers temps, la vie affective et sexuelle, leur vie commune, les difficultés…

> *« Nous avions dix-neuf et dix-huit ans. Moi, j'ai été séduite. Richard était grand, solide et sain », commence Camélia. « Et, moi, je te revois, pleine de vie, sautant comme un cabri », ajoute Richard. Bons copains, ils passaient de longs moments ensemble à écouter de la musique, à sortir au cinéma, à pratiquer un sport, à fréquenter régulièrement leur bande d'amis de fac.*
>
> *« On s'aimait pour plein de choses, c'était super ! » reprend Camélia.*
>
> *« Je peux bien maintenant te faire cette confidence, tu étais la première personne, en dehors de ma grand-mère, qui comptait pour moi ! » affirme Richard de son côté.*
>
> *Ils partageaient une vraie similitude de valeurs et d'intérêts. Ils s'accordaient à soutenir les mêmes points de vue et des convictions analogues. Chacun était déjà engagé, avant la rencontre, dans la disponibilité associative, la passion du sport, la sensibilité culturelle…*
>
> Mais à l'époque, ils en conviennent, leurs pensées

respectives et secrètes relatives à la sexualité se complétaient déjà.

Camélia se disait : « J'ai une certitude : si on se passe de sexe, ça ira. Sinon tout sera fichu ! » Richard était tout aussi fataliste : « Je ne me marierai pas et je n'aurai pas d'enfant. »

Ces pensées et ces décisions conscientes étaient élaborées depuis fort longtemps. L'attente singulière pour chacun était que l'autre le préserve de la sexualité. Celle-ci, entachée de difficultés passées, ne pouvait être partagée. Elle était médiocre, insatisfaisante et ne cimentait pas les débuts de leur union. Richard et Camélia ne vivaient pas la sexualité comme prioritaire et essentielle. Pour autant, ils étaient bons amis, partenaires d'amour platonique et des êtres qui s'aimaient à la lisière d'une sexualité abîmée.

Camélia, autant pour se justifier que pour appeler Richard au secours, lui dévoile les abus sexuels qu'elle a subis dans l'adolescence. Ces révélations se présentent dans son esprit comme une carte d'invalidité amoureuse. Elle espère que ce secret partagé provoquera de la part de Richard, des réactions de compassion, des questions, un dialogue. Cet échange est impossible pour Richard qui, d'une part, vit un interdit de paroles autour de la sexualité et, d'autre part, s'imagine, à tort, qu'il raviverait les plaies passées de Camélia, en les évoquant à nouveau.

Nous avons dans ce malentendu entre l'attente devenue muette de l'un et la parole impossible de l'autre une problématique fréquente dans beaucoup de couples. Le voile sur les événements du passé d'un des partenaires a été à peine soulevé, que l'autre s'empresse, par gêne personnelle, de les repousser dans le silence. Et ces non-dits, soigneusement entretenus, forment un marécage où ne manqueront pas de s'enliser les alertes ultérieures.

Richard ne sait pas ouvrir son cœur en tête à tête. C'est seulement dans l'éloignement qu'il s'autorise à l'expression de ses sentiments. Profitant d'un stage de Camélia à Paris, il lui écrit chaque jour de belles missives enflammées et poétiques. Il attend en retour que Camélia lui parle. Elle ne se sent pas du tout à la hauteur. Elle dira plus tard : « Les attouchements de mon oncle durant toute ma jeunesse, ces saletés en moi, m'enfermaient. Il fallait m'arracher les mots. Pourtant j'étais amoureuse grave de Richard ! Je ne savais pas lui dire. »

Chacun, de par son histoire, est un infirme de la parole. Il ne peut pas parler de Sexe. Elle ne peut pas parler d'Amour.

Ils s'installent ensemble dans un appartement, qui devient aussitôt le lieu de rendez-vous de tous leurs copains de fac. Ils forment le premier et le seul couple de la bande, et sont perçus comme tranquilles, calmes, positifs. Musique, humour, sorties, concerts ponctuent leur vie.

Une seule fausse note : la sexualité.

Richard, moteur de la sexualité, initie les demandes. Camélia, au début des tentatives de pénétration, se laisse approcher bien que la douleur très vive ramène tout son être aux abus sexuels répétés de l'oncle Serge. La vie au lit devient un enfer. D'échecs sexuels en fiascos charnels, l'appréhension de fin de journée s'amplifie, à l'idée de se retrouver bientôt dans la couche conjugale. Camélia et Richard, sans le vouloir consciemment, se livrent à des disputes, à des scènes, qui la plupart du temps se terminent en éloignements. Ces derniers les abritent de l'intimité et de toutes velléités sexuelles.

Le vagin de Camélia est cadenassé et interdit toute entrée. Quant à sa bouche, il n'en sort plus aucun son. De son côté, Richard, désespéré, se dit : « Puisque nous n'aurons jamais d'union corporelle, tout le reste de notre vie doit être fusion et apparaître comme telle.

Ainsi notre problème sexuel restera caché aux autres. » Le couple n'entend pas les alertes répétées.

Au bout de l'enfermement...

Richard amplifie ses reproches concernant la sexualité, le mutisme et l'éloignement de Camélia, ce qui exaspère celle-ci. Ils s'installent dans une dépendance pathologique. Commencent alors le paroxysme de la cote d'alerte et bien plus tard le renversement en cote d'amour.

Camélia atteint une limite insupportable dans sa réclusion psychique. Elle se sent agoniser. Dans un sursaut, elle se confie à sa gynécologue, qui l'oriente vers notre consultation thérapeutique. Richard consent à l'accompagner.

Dès les premiers entretiens que nous menons avec eux, nous émettons l'hypothèse que leurs difficultés persistantes sont liées à leur enfance et certainement à leur généalogie.

Mais Richard ne veut pas, pour le moment, entendre parler de correspondance entre les échecs du couple et les antécédents familiaux : « C'est Camélia qui va mal ! C'est elle qui refuse la sexualité ! » Pour lui, c'est clair, les graves désordres qui affectent leur intimité sont liés aux problèmes de Camélia.

Il nous « confie » sa femme.

Camélia vient d'abord en entretiens individuels, puis participe à un groupe régulier. Elle y évoque son rêve improbable de maternité. Au cours des séances, elle contacte et s'approprie la permission de devenir femme et mère. Le rêve d'enfant devient une réalité possible. Richard y souscrit. Il s'agit alors pour le couple d'utiliser un protocole simple d'insémination. À la troisième tentative, Camélia est enceinte. Elle met au monde Karine. Camélia accouche sans difficulté, son vagin s'élargissant pour le passage du bébé. Elle savoure cette réussite.

Richard et Camélia sont devenus parents, mais le marasme de leur sexualité reste entier. Dans les rapports intimes, Camélia retrouve son réflexe involontaire de fermeture sexuelle. Elle n'en peut plus !

Dans son groupe de thérapie, elle met l'accent sur son besoin d'une sexualité satisfaisante. C'est pour elle une autre étape de succès à venir. Pour cela, la parole et le travail émotionnel lui permettent de revenir encore et encore sur les viols subis dans la jeunesse. Richard se rend compte que la thérapie devient essentielle dans la vie de Camélia. Il se sent exclu et terriblement seul. Il n'est plus unique dans la vie de sa compagne et pense que Camélia lui échappe. Du moins le croit-il. Il lui fait des reproches : « Tu parles avec les autres ! C'est avec moi seul que tu dois parler de notre intimité. J'ai un sentiment de hors jeu et même de trahison. Je me sens largué ! »

« L'union sacrée » de leur couple est mise à mal. La fusion qui les protégeait s'effrite. Sans elle, Richard perd quelque chose d'important : ce secret qu'ils partageaient ensemble à propos des viols, des abus sexuels et de la sexualité. Le secret était leur lien. Ce pacte les préservait de l'extérieur.

Dans le système clos de leur couple, tout mouvement centrifuge de l'un ou de l'autre, à la périphérie ou à l'extérieur de leur union, se vit comme un danger pour l'homéostasie.

Richard a peur que ce qui les soude ne se brise. Mais il n'accepte toujours pas de s'investir dans la thérapie que Camélia réclame.

➤ Ne soyez pas *patients dans l'immobilité et la résignation.* Il n'existe pas de providence extérieure à votre couple, qui par miracle ou d'un coup de baguette magique abolira les convulsions de la vie dans lesquelles vous vous laissez entraîner.

Camélia commence sa guérison et pose progressivement des actes d'autonomie. Comme, par exemple, de formuler de timides demandes de rapprochement sexuel à Richard. Ce qui provoque chez lui des réactions d'impuissance de plus en plus marquées. Le malaise de Camélia est grandissant. Elle en vient à se taper la tête contre les murs et dira plus tard : « Tout était mort. Il fallait arrêter le couple. Il ne me guérissait pas de mes viols. Il me ramenait à l'état de bébé psychotique. J'ai réfléchi. J'ai décidé de quitter Richard et la maison. Je suis partie vivre seule dans un appartement. Nous avons conclu un accord parental à propos de Karine, qui est venue vivre une semaine sur deux avec chacun de nous. » Par son départ, Camélia s'engage dans un processus d'indépendance.

Richard ne comprend pas la décision de Camélia. Il s'est accoutumé aux aspects négatifs de leur vie commune, accommodé même de son impuissance sexuelle épisodique. Il s'agrippe aux bons moments : « Pourquoi ce coup de théâtre, puisqu'on a vécu le plus dur ? » Aujourd'hui, il reconnaît : « J'étais passif jusqu'au bout du bout. »

Après le départ de Camélia, Richard rencontre une autre femme Christine : « Un support à ma solitude ! » Il engage avec elle une relation de compensation, dans laquelle il se vit encore une fois sur le plan affectif, comme « un champignon parasite sur un arbre », métaphore d'une répétition de sa dépendance. L'entente sexuelle avec Christine est de qualité, mais ne comble pas Richard, dès lors qu'avec lucidité il prend conscience de son attachement à deux femmes. Il se sent doublement malhonnête.

Au bout de huit mois il s'interroge sur ce qu'il veut vraiment et parvient à cette conclusion : « Il faut que je m'arrête. Je ne peux pas balayer ma vie avec Camélia. » Il se sépare de Christine. Mais, après la rupture, il apprend que celle-ci est enceinte. Cette annonce le consterne et le fâche. Christine faisait confiance aux examens médicaux, selon lesquels elle était stérile. Mais son désir et son amour pour Richard ont sans doute rompu le barrage physiologique qui la rendait inféconde. Et puis, peut-être, au travers de cette maternité, un pan de son histoire généalogique attendait répétition ou réparation. En dépit de cette grossesse inattendue, la suite ne se déroule pas comme Christine l'a imaginée. Richard n'envisage pas de rester l'amant de Christine, mais s'inscrit seulement comme père de l'enfant à naître. C'est Camélia qui va le soutenir dans la revendication obstinée de cette seconde paternité pour lui, si différente de la précédente. Grâce à quoi, au fil des années cet enfant pourra aller et venir entre ses deux parents.

Parallèlement, Camélia et Richard, qui se voient très régulièrement pour Karine, s'invitent, se reçoivent dans leurs appartements respectifs et se parlent. « C'était une vraie renaissance pour nous deux. Il avait fallu qu'on s'éloigne l'un de l'autre, pour communiquer », dira Camélia. Richard est attendu, accueilli dans l'appartement de Camélia. C'est un changement dont il se réjouit. C'est aussi l'aube de l'interdépendance.

Un soir, chez Richard, Camélia demande à rester auprès de lui. Plus tard elle racontera : « On a dormi ensemble, proches, très proches. Quand Richard a abordé le sujet de la sexualité, je me suis sentie tranquille, ça n'était pas pour ce soir-là, mais pour bientôt. Et le dimanche suivant, je me suis réinstallée. Une belle histoire recommençait. »

La vie commune reprend. Une semaine après le retour de Camélia, Richard s'écroule et commence une dépression grave. Camélia ne s'effondre pas. Au contraire, elle voit dans la dépression de Richard le symptôme d'un seuil propice pour lui à l'ouverture de sa boîte de Pandore : regarder sa part personnelle dans les difficultés du couple et aussi sortir « du bout du bout » de sa passivité.

Dans le regard lumineux de Camélia, Richard lit le soutien inconditionnel, l'amour et la vie. Il sait, à ce moment-là, que sa femme a changé et que pour lui aussi c'est possible. Plus tard, il lui dira : « J'avais tenu, tenu pendant des siècles ! Toi revenue, je me suis écroulé. J'étais un légume et tu es restée. Tu m'aimais vraiment. Moi, je me disais que ce serait difficile mais que je pourrais enfin me prendre en charge. » Elle ajoutera avec justesse : « Tu te sentais en sécurité et tu te permettais de lâcher prise. »

Richard fait confiance à Camélia et donne son accord pour une thérapie de couple en groupe.

➤ Votre tristesse intérieure transmet de la tristesse à l'autre. Votre colère intérieure provoque sa colère, son irritation, son agressivité. Votre peur intérieure l'insécurise. Votre joie de vivre intérieure essaime de la joie dans son cœur.

Les premiers moments « chamboule tout » de cette thérapie sont centrés sur l'émergence d'une sexualité, enfin dégagée de l'impuissance de Richard et du vaginisme de Camélia. Les deux partenaires ne repoussent plus la sexualité à plus tard. Camélia propose régulièrement des contacts sexuels. Après quelques mois, non seulement la pénétration vaginale devient possible, mais Richard contacte peu à peu sa puissance virile. Le couple connaît des rapports réguliers. Mais Camélia a encore du mal à « donner » son corps et Richard hésite à se livrer émotionnellement. Ils en sont bien convaincus : malgré leur volonté, la sexualité achoppe sur des données antérieures à leur rencontre. Camélia sait qu'il lui faut revenir sur les viols passés, en présence de Richard, au sein du groupe de couples. Quant à Richard, il pressent que, quelque part en amont de sa vie, des voiles obstruent ses capacités d'amant.

Au cours de notre travail thérapeutique, nous avons maintes fois observé que les désordres ou les traumatismes familiaux non traités provoquent la répétition et l'augmentation des perturbations psychiques, comportementales et affectives de génération en génération.

À notre demande, Richard et Camélia se donnent les moyens d'être informés sur la vie de leurs ancêtres. Ils interrogent leurs proches, consultent les documents d'état civil, regardent des photos anciennes. Ce travail de recherches pointues va s'avérer très utile, pour comprendre les tenants et aboutissants de leurs histoires familiales. Dans les séances de thérapie, l'emploi d'une ou plusieurs procédures complète cette mise à jour.

C'est dans cette perspective de clarification, que nous avons utilisé le *génosociogramme* pour Camélia, puis pour Richard. Il s'agit de la représentation schématique, sur un tableau, des différents protagonistes familiaux, assortie de commentaires spontanés et énoncés dans le désordre par l'intéressé(e). Le rôle des thérapeutes et des autres participants du groupe consiste à poser de nombreuses questions de bon sens, naïves, évidentes…

Dans cette minutieuse élaboration, des éléments significatifs sautent aux yeux, surgissent à la conscience et révèlent des problématiques, des répétitions, auxquelles le sujet, « Il » ou « Elle » n'avait pas attaché d'importance jusque-là. Les pièces manquantes du « puzzle familial » sont alors patentes. Des secrets commencent à être levés. Des slogans, des mythes, des fables, des préceptes, des thématiques récurrentes apparaissent dans le roman familial.

Les réponses de Camélia et Richard vont contribuer à mesurer les ravages transgénérationnels de l'inceste et de l'alcool, dans leurs familles respectives.

Aidez-vous du tableau généalogique page 180-181.

Voici la généalogie de Camélia

Du côté maternel, ses arrière-grands-parents Henri et Marie-Adélaïde sont frère et sœur. Leur famille, afin de ne pas éparpiller les terres, exige qu'ils vivent ensemble et mettent au monde des enfants. Henri et Marie-Adélaïde s'exécutent. Les enfants issus de ce couple « maudit » par le village sont perçus et se vivent comme les fruits du péché et de la honte. Henri, encore dans la force de l'âge, décède des séquelles d'une gangrène. Un des fils, à l'âge adulte, devient fou et distribue autour de lui les vignobles. Toute la fortune est dissipée !

Une des filles, Justine – la grand-mère de Camélia –, met au monde huit enfants. Elle meurt encore jeune d'une hémorragie lors d'une fausse-couche. Parmi ses huit enfants, une fille Olga, qui sera un jour la mère de Camélia, est presque autiste.

Du côté paternel, le grand-père Paul est alcoolique. Il court les jupons, trompe sa femme Hélène, provoque des bagarres continuelles sur son lieu de son travail. Le couple déménage régulièrement pour fuir les ennuis générés par les comportements asociaux de Paul. Ce qui bien sûr ne résout rien et augmente au contraire la déstabilisation de la famille !

Le futur père de Camélia, Armand, est l'aîné de la fratrie. Alors qu'il n'a que quatre ans, ce petit bonhomme est considéré par ses parents comme « déjà bien grand » ! Ses deux frères, âgés de deux ans et six mois, accaparent la maman. Armand est donc confié à

GÉNÉALOGIE DE

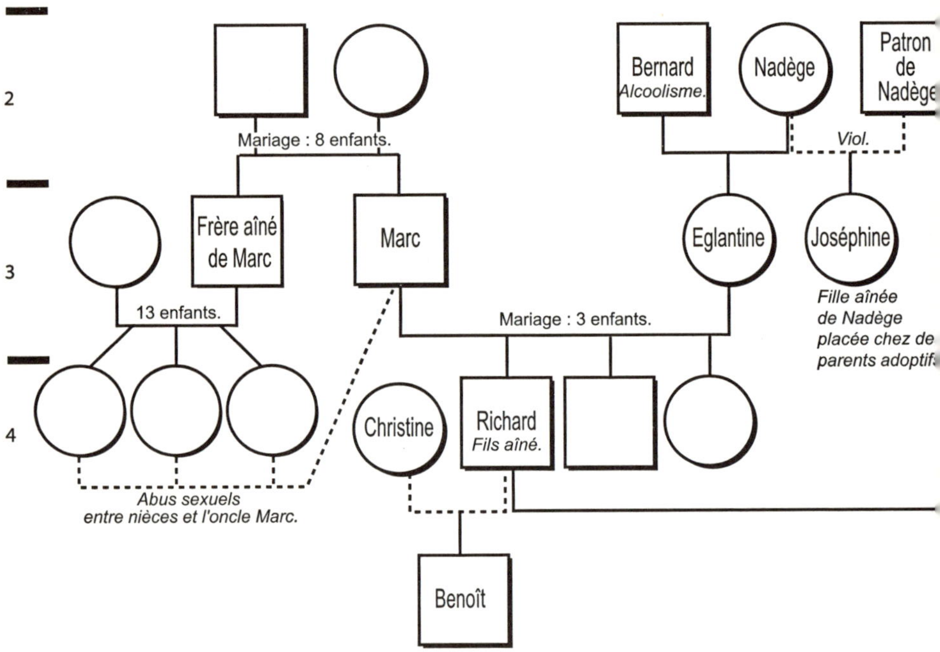

RICHARD ET CAMÉLIA

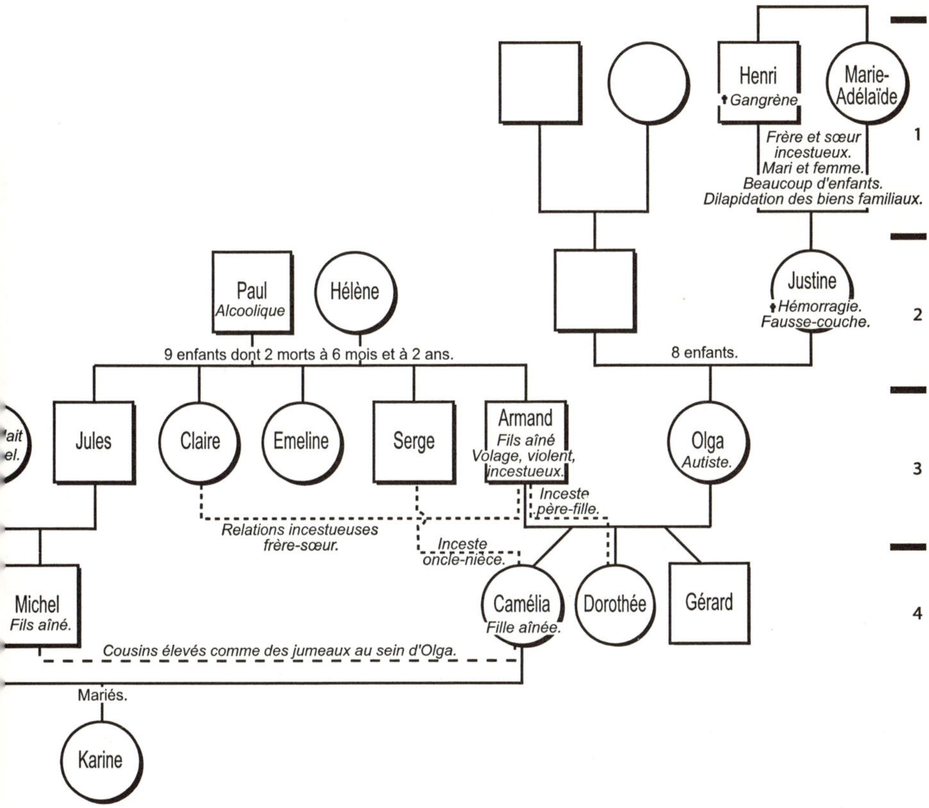

une de ses tantes et séparé de sa famille, pendant de nombreuses années. Sans nouvelles, il s'angoisse du devenir de sa fratrie. Il est privé, dans son âme d'enfant, de l'amour parental dont il a encore tant besoin et du rôle si fondamental pour lui d'être l'aîné protecteur des plus petits.

D'autres enfants naissent. Quand la famille se pose géographiquement, sept sur neuf sont encore en vie. Armand, qui a alors quatorze ans et travaille déjà, est rappelé par ses parents à la maison pour remplacer Paul son père, très abîmé par l'alcool. L'adolescent n'a pas revu ses frères et sœurs depuis l'âge de quatre ans. Il devient le chef de famille effectif et responsable. Il s'installe dans un rôle autoritaire de substitut paternel. Profitant de cette position, il tente des relations incestueuses avec ses deux jeunes sœurs. Émeline refuse et Claire obéit.

Les années passent. Jules, le frère cadet d'Armand, se marie avec Annette. Armand entend rester l'aîné et fonder une famille en premier. Il se hâte donc de rencontrer une femme, Olga. Armand épouse Olga et exige qu'elle soit enceinte rapidement, de sorte que « l'ordre » chronologique de sa fratrie soit respecté. Chaque matin et dès le lendemain des noces, il s'inquiète fiévreusement de savoir si Olga est enceinte.

Le projet inconscient d'Armand dépasse très largement le seul fait de maintenir son statut d'aîné… C'est aussi une revanche de l'injustice subie à quatre ans, quand il a été éloigné de sa famille.

Olga est enceinte la première. Puis, vient très vite le tour d'Annette la femme de Jules. Camélia, la fille d'Olga et d'Armand, vient au monde et, treize jours plus tard, Michel, son cousin. Annette ne peut pas allaiter son fils Michel, faute de lait. La raison en est sans doute psychique. Olga, la mère de Camélia, ayant un lait abondant, donne le sein aux deux enfants.

Ouf ! Armand sauve ainsi le petit Michel, faute d'avoir pu protéger Jules de l'alcoolisme du père.

On peut mesurer, dans le double allaitement de Camélia et de Michel, l'enjeu existentiel d'Armand : réunir les deux enfants sur la même poitrine nourricière et, d'une certaine façon, venir au secours de Jules ! L'histoire d'Armand est un bel exemple de blessure d'enfance et d'attente de réparation à l'âge adulte.

Camélia et son cousin Michel sont élevés comme sœur et frère de lait, sur le sein d'Olga. Les grands-parents d'Olga étaient sœur et frère de sang. On les avait unis, pour procréer et transmettre un patrimoine intact à la descendance. L'Amour n'avait pas de place. Seule la préservation des biens matériels comptait. Cette souffrance-là n'est pas apaisée, elle n'a pas été exprimée et nous la retrouvons tout entière dans le désordre psychique d'Olga, qui ne sait pas donner de l'amour. Allaiter abondamment est la seule fonction qu'Olga peut assurer, pour perpétuer la vie, tandis que la fonction maternelle « donner le sein » avec amour lui reste étrangère.

> Dans la bonne relation mère/enfant, le sein maternel offert à l'enfant, vecteur charnel du lien, se charge d'inscrire l'attachement affectif et psychique.

Camélia attend en vain du lien avec sa mère. Ce lien ne se tisse pas. La petite ne boit qu'une minuscule quantité de lait, juste suffisante à sa survie ! L'autre nourrisson, son cousin Michel, se repaît au sein d'Olga. À l'occasion des tétées, il s'approprie cette nourrice. Elle vient compléter, par son sein, sa mère biologique. Entre Michel et sa mère se nouent tendresse, amour, affection.

Une autre enfant, Dorothée, vient au monde un an après Camélia. Olga la nourrit au sein, puis la néglige.

Camélia, alors, se positionne comme une petite maman pour sa sœur et, malgré son jeune âge, la nourrit au biberon.

Olga, enfermée dans un monde quasi autiste, travaille du matin au soir, sans jamais se plaindre. Elle ne parle ni à son mari ni à ses enfants. Son visage est lisse de tout affect. Depuis qu'elle a cessé d'allaiter ses enfants, elle ne les approche jamais pour les embrasser ou les serrer contre elle. Elle est « absente », sauf dans la gestion pratique de la maison : le ménage, la cuisine, les gros nettoyages... Tandis que les enfants sont encore en bas âge, Armand s'expatrie deux années pour trouver du travail, laissant ainsi sa famille à sa propre mère, Hélène. Olga, recluse dans son monde intérieur, ne réagit pas. Armand est engagé dans une entreprise importante. Une relative aisance financière lui permet de regrouper sa famille.

Camélia grandit. La famille déménage fréquemment selon les chantiers du père et accueille régulièrement Serge, le plus jeune frère d'Armand. À chacun de ses séjours, Serge abuse sexuellement de Camélia. Armand et Olga s'arrangent pour ignorer ce que vit leur fille. Camélia se tait.

Dans le cas où elle aurait osé rapporter les faits à ses parents, elle n'aurait vraisemblablement pas été entendue et encore moins soutenue.

Depuis trois générations les relations incestueuses intrafamiliales constituent un des socles de l'organisation des foyers successifs.

Dans la famille de Camélia, comme dans la plupart des familles incestueuses, la place identitaire des personnes est brouillée : on peut tout aussi bien, selon les moments et les circonstances, être fille, sœur, femme.

Camélia, abusée par Serge son oncle, vit dans la confusion des places. Nous n'en avons pas terminé avec les abus sexuels et les violences physiques dans cette famille. En effet, Armand, qui ne manque pourtant pas de maîtresses par ailleurs, abuse de Dorothée, sa fille cadette, durant un séjour de sa femme Olga à l'hôpital. Camélia, « la petite mère » de Dorothée, est impuissante. La maltraitance d'Armand s'oriente vers son fils Gérard et les coups pleuvent. Les modalités de cet enfer familial se perpétuent pendant des années.

À l'âge de dix-huit ans, Camélia est jetée hors de la maison avec coups et insultes par son père, pour être rentrée trop tardivement un soir. Le premier chapitre de son existence se termine là.

C'est avec ce bagage de vie qu'elle va rencontrer Richard.

Examinons maintenant le paquetage familial de Richard

Du côté paternel, les grands-parents ont huit enfants. On dit de Clément, le grand-père, qu'il est bonhomme malgré l'alcool et de Simone, la grand-mère, qu'elle est dure et méchante. Leur fils Marc, qui sera plus tard le père de Richard, abuse vers quatorze ans de trois de ses plus jeunes nièces.

Du côté maternel, Nadège, la grand-mère, est partie très tôt de chez elle, pour travailler à la ville. C'est là qu'elle est violée par son patron. Une fille, Joséphine, naît de cet abus. Sa mère la place en nourrice. Nadège, bien après la naissance de Joséphine, épouse Bernard. De cette union naît une seule fille, Églantine, future mère de Richard. Après la naissance d'Églantine, le couple cherche à récupérer Joséphine pour l'intégrer à la vie de famille. Mais Joséphine préfère rester chez ses parents adoptifs et rejette sa mère. Celle-ci ne parviendra pas à donner de l'affection à Églantine, car son corps et son cœur sont à jamais amputés d'une partie de son amour maternel.

Vingt-cinq ans après son mariage avec Nadège,

Bernard, abîmé par l'alcool et le tabac, meurt d'un cancer de la gorge. Après le décès de son mari, Nadège vit au domicile de sa fille Églantine et de son gendre Marc. Quand le couple attend un premier enfant, Nadège s'enferme dans la démence et devient presque aveugle.

Inconsciemment, elle revit sans doute à travers la première grossesse d'Églantine, sa propre histoire de jeune fille. Les réminiscences affluent : le viol, l'enfant née du viol, le rejet plus tard de Joséphine. Les peurs remontent… Les digues de la raison sautent.

Cette folie ne prendra fin qu'à la naissance de l'enfant : Richard, son petit-fils.

Aurait-elle retrouvé la raison si le nouveau-né avait été une fille ? On peut en douter.

Nadège déborde d'amour pour son petit-fils Richard, dont il dira plus tard : « C'est la seule personne qui m'ait regardé comme quelqu'un de magnifique et pourtant elle ne voyait pas grand-chose avec sa quasi-cécité ! Et puis, c'est sûr, je n'aimais qu'elle et je l'ai perdue trop tôt, à l'adolescence. Je me ressens plus comme le fils de la fille qu'elle a eue par abus sexuels, que comme le fils de ma mère. » Églantine, pas plus que sa mère, ne sait se montrer câline. Elle répète à son fils que « la vie est une suite ininterrompue de catastrophes et de malheurs. On est juste sur terre pour en baver ! »

Pas de mère véritable pour Richard, pas davantage de père. En effet, dans les premières années de la vie de Richard, son père Marc, séjourne longuement à l'hôpital, après un très grave accident de tracteur. Le seul souvenir de Richard est lié aux paroles du père handicapé et aigri : « Tu es trop nul. Dans la vie, tu n'iras pas loin, mon petit bonhomme ! »

Résumons à présent les données transgénérationnelles de Camélia et de Richard

Dans la famille de Camélia : des figures paternelles volages, alcooliques, violentes, instables... des figures maternelles trop vite disparues ou défaillantes dans leurs rôles... des répétitions d'incestes : frère/sœur au niveau d'Henry et de Marie-Adélaïde, mais aussi entre Armand et une de ses sœurs ; oncle/nièce entre Serge et Camélia ; père/fille entre Armand et Dorothée.

Dans la famille de Richard, les informations généalogiques sont plus parcellaires. Néanmoins, on y repère des hommes alcooliques et des abus sexuels : viol de Nadège par son patron, attouchements entre Marc et ses nièces. Vraisemblablement, d'autres faits ont été cadenassés par des interdits hermétiques d'accès à la connaissance. Mais à cause de leur caractère secret, les viols, les incestes, les attouchements, marquent le niveau cellulaire des générations à venir, comme une inscription génétique indélébile. Ces passages à l'acte donneront lieu à des répétitions, jusqu'à la levée des silences qui les enveloppaient. Alors les descendants pourront s'en affranchir et agir plus librement.

De *la cote d'alerte* à *la cote d'amour*

L'évolution du couple de Camélia et Richard s'apparente à un triple mouvement de navette entre les étapes difficilement franchies depuis leur rencontre, leurs histoires scénariques personnelles et celles de leurs aïeux.

> *Camélia, au cours de la thérapie de couple, revient sur les viols répétés de son oncle Serge. Récits délicats et laborieux, ponctués d'accès de rage, de peurs enfin accessibles et de chagrin intense. Richard mesure, avec tout le groupe, le vécu de Camélia durant son adolescence et les dégâts encore vivaces dans sa sexualité d'adulte. Il réagit en exprimant à son tour son*

indignation pour ce que Serge a osé faire. Il se révolte aussi contre ses beaux-parents, particulièrement Armand. Ce dernier, loin de protéger Camélia, invitait constamment son frère à la maison et sollicitait la présence de Camélia dans son lit lorsque Olga, sa femme, était à l'hôpital. Camélia avait trouvé en elle le courage de se refuser à son père. Ce « Non » n'a pas pu s'inscrire comme une victoire, car c'est sa petite sœur Dorothée qui a subi l'inceste du père à sa place. Culpabilité pesante et renforcée de l'aînée, non seulement pour n'avoir pas protégé la petite, mais pour avoir failli au rôle de responsable qu'elle s'était assigné.

Richard et Camélia ont décidé d'un commun accord d'entreprendre trois démarches dans le but de mettre un terme aux secrets familiaux.

Premièrement, « convoquer » Serge chez eux, lui rappeler avec fermeté les faits passés, invoquer les risques pour sa fille, les copines de sa fille et les autres adolescentes. Il faudra plusieurs rencontres pour que Serge mesure la gravité des actes commis et les dangers encourus par sa famille.

Ensuite, s'entretenir avec Armand, en évitant deux écueils, celui d'une violence contre Serge ou d'Armand contre lui-même. La fermeté de Richard et toute son affection envers son beau-père ont été nécessaires pour qu'Armand demande pardon à sa fille.

Enfin, se rendre auprès d'Olga, chez elle et établir des liens plus affectueux. Camélia sait à présent prendre sa mère dans ses bras, même si cette dernière n'en est encore qu'à des balbutiements d'étreintes.

Tandis que les secrets de la famille de Camélia sont levés, Richard apprend « inopinément » les attouchements de son propre père sur ses nièces, alors qu'il était adolescent. Il exprime sa colère contre ses grands-parents qui n'ont pas tenu leur rôle éducatif et protecteur auprès de leur fils Marc. Il comprend et proteste avec véhémence contre le silence pesant et dommageable de ses parents et du médecin, concernant l'opération d'un phimosis, quand il avait sept ans. Personne ne l'avait préparé, personne ne l'avait soutenu et rassuré. Tous s'étaient tus. L'investigation thérapeutique lui permet de réaliser la peur accumulée dans son pénis.

Camélia s'insurge contre l'absence affective de Richard auprès d'elle, à la naissance de leur fille. Richard fait alors un lien entre la naissance non désirée de Joséphine, son éloignement définitif de sa mère biologique, et son peu de présence personnelle au moment de l'accouchement de sa femme. Il se révolte violemment contre le patron qui a violé sa grand-mère, jeune employée chez lui. Le couple traverse ensemble un autre deuil : Benoît, le fils que Richard a conçu avec Christine, ne vit pas dans leur foyer, même s'il y vient régulièrement.

Richard et Camélia, l'un et l'autre, s'attardent sur les affects qu'ils éprouvent, en se souvenant de l'absence de sexualité entre eux durant toutes ces années. Ils en acceptent toute la dure réalité. Camélia peut s'appuyer maintenant sur son compagnon, aimant, vivant, réactif et protecteur. Chez ces deux êtres, la féminité et la masculinité peu à peu s'affinent.

Ils savent à présent utiliser de l'énergie pour s'amuser en couple à la maison et pour créer leur sexualité.

Camélia et Richard partagent régulièrement leurs ressentis, leurs préoccupations. Dans l'évocation de leur histoire familiale respective, ils se comprennent mutuellement. Les mots visitent et revisitent leur vécu sexuel passé et actuel. Richard commentera même plus tard : « Avant, dans la descente aux enfers, on restait sans voix à propos de la sexualité. Dorénavant dans la cote d'amour, on ne se lasse pas d'en parler ! »

Le plaisir éprouvé surprend les partenaires. « La première fois que j'ai entendu Camélia avoir un orgasme, je n'en revenais pas et je n'en suis pas encore tout à fait revenu ! » avouera Richard. Camélia a des orgasmes de plus en plus fréquents et intenses. Enfin elle découvre le désir et les modulations du plaisir. Elle rayonne. « Je me suis sentie différente, je le voyais quand je me regardais dans la glace. J'étais branchée sur l'énergie de la vie, de l'amour et ça illuminait mon existence. » L'intuition de Camélia, dans cette transformation personnelle, est que l'entente sexuelle va dynamiser le couple.

Camélia touche une vérité intérieure, surprenante mais tranquille : « Comme dans le système des vases communicants, l'énergie de la montée vers la cote d'alerte s'est muée en énergie de cote d'amour. Et je suis sûre que la cote d'amour atteinte grâce à la sexualité permet de repérer les signaux de cote d'alerte. »

Sur ce thème, Richard dit : « Avant, je regardais le passé. La relation sexuelle dans notre couple a favorisé la projection vers le futur. Demain existe, je suis poussé vers l'avenir. » Et Camélia : « Je me sens nourrie et alors les choses difficiles ne me font plus peur. »

Chacun des deux partenaires commente aujourd'hui les bases de la cote d'amour de leur couple, en des termes complémentaires. Ils ont conscience de la nécessité de vivre avec et sans l'autre. Richard dit : « Je me prends en charge et mes propres besoins comptent. Je sais à présent ce que veut dire respecter l'autre. Avec des années de retard, j'apprends qui est Camélia. Entre l'autonomie et la fusion, mon choix est clair. Et en plus j'y ai gagné un grand sentiment de liberté. Même si à certains moments Camélia n'est pas comme je l'attends, je sais bien que son attitude n'est pas une agression contre moi. La négociation dans la communication du couple, c'est révolutionnaire, mais j'y tiens ! » Et Camélia complète : « Maintenant je fais attention à Richard, je pense à lui, je l'appelle au téléphone, je lui dis souvent que je l'aime. J'ai découvert deux pierres précieuses sous la cendre : l'amour sexuel et la parole. »

➤ L'amour, ce n'est pas avoir *besoin* de l'autre, c'est vivre son *besoin* d'amour avec cet autre que vous avez choisi.

Comment, aujourd'hui, Richard et Camélia décrivent-ils les étapes de leur transformation ?

Richard : « Le point de départ a été la rencontre avec des médiateurs, des humains décodeurs, qui ont déchiffré avec nous nos difficultés, nos quiproquos et leurs répercussions pour notre couple. Le coup d'envoi a été donné par l'engagement, la volonté réelle, pour chacun d'entre nous, d'aller de l'avant, de traverser les difficultés passées et présentes (les viols de Camélia, ma passivité, les problèmes sexuels, les révoltes, les désirs de mourir, les peurs de l'intimité...). La régularité et le lieu sécurisant de la thérapie se sont avérés déterminants, pour le processus de nettoyage du passé : de nos familles, de nos enfances et de notre vie commune. Partager les mêmes conceptions à propos du monde renforce la solidité du lien entre nous. Le jour où, en thérapie, j'ai pu soutenir, les yeux dans les yeux, Camélia très en colère, j'avais franchi un grand pas. Je me suis aussi regardé bien en face, avec fierté, lorsque j'ai été capable d'accueillir le chagrin et les larmes de Camélia, sans m'effondrer, sans parler, sans me sentir coupable de son état. J'ai appris ce que voulait dire : être proches. Je me suis décentré de l'autre, et j'ai pu me recentrer sur moi. J'ai expérimenté la liberté de chacun. Le rétablissement de la confiance est aussi une pierre angulaire dans la solidité du couple. »

Camélia précise à propos de la thérapie de couple : « Aller en détail et au bout des scènes de viols répétés, des rages, des peurs, des chagrins qui en découlent, tout cela en présence d'un Richard réactif et du soutien indéfectible des membres du groupe, a inscrit une force incroyable en moi. Me sentir entendue, comprise par Richard et l'accompagner lui aussi dans ses rages et ses pleurs, cela a rééquilibré et guéri nos blessures. Avec le partage d'une conception commune du couple, la responsabilité et l'autonomie comme plate-forme de base, j'ai perçu toute la richesse de notre couple. C'est mon engagement qui me permet de récolter tous les fruits des changements que j'ai déjà effectués. Richard dynamise mes évolutions, mais je n'attends pas qu'il change. Retrouver une confiance, qui supprime le contrôle, et qui est la conséquence de l'engagement, est très soulageant. Sortir de l'enfermement, apprendre à dire "Je t'aime", toucher Richard, ça n'a pas de prix ! L'expression de l'amour, c'est du concret. Je me montre aux gens telle que je suis à l'intérieur de moi, telle que je me découvre. C'est visible : je suis une femme aimante, une personne bien !

Maintenant, je le sais : on est nourri par ce qu'on donne, par ce qu'on offre. Il n'y avait qu'avec ma fille que j'avais connu cela. Si on donne tout de soi ou tout soi, on reçoit beaucoup plus que ce que l'on donne. Si on arrive à s'aimer dans le couple, notre vision de nous-mêmes change : elle est magnifique. L'autre est le révélateur de soi. »

Comme Camélia et Richard, savez-vous vous réjouir de ce qui vous rapproche et de ce qui vous différencie l'un de l'autre ?

Installez-vous confortablement et à distance l'un de l'autre.

Chacun de vous doit être en possession de la liste ci-dessous.

Répondez individuellement le plus spontanément possible, aux items qui suivent.

Pour chacun d'eux, fournissez au moins trois réponses d'une ligne, pas plus.

Dans le questionnaire : « CHOSES de la VIE qui... », le terme de **« Choses »** est à prendre au sens très large : situations, personnes, événements personnels ou lointains.

Prenons un exemple :

« Choses de la vie qui m'insupportent ».

Réponses possibles :

- le niveau sonore des pubs à la télé.
- la langue de bois de certains politiques.
- la baignoire mal rincée.

Questionnaire.

Choses de la vie qui... font battre mon cœur.
m'ennuient.
me font oublier l'heure.
me font monter la moutarde au nez.
réjouissent la journée à venir.
assombrissent la journée à venir.
me révoltent.
me font froid dans le dos.
me font rêver.
me donnent des cheveux blancs.
me donnent des cauchemars.
me font rire jaune.
me nouent la gorge.
dont j'ai soupé.
me mettent l'eau à la bouche.
me font baver d'admiration.
me font broyer du noir.
me transportent aux anges.

me font perdre les pédales.
remuent le couteau dans la plaie.
me font réagir au quart de tour.
rentrent par une oreille et sortent par l'autre.

Mesurez ensuite ce que vous partagez dans votre couple : votre bagage commun d'idées, de valeurs, d'émotions, de passions.

Mesurez aussi ce qui vous sépare. Découvrez ce que vos différences apportent à votre partenaire.

Goûtez le plaisir des similitudes harmonieuses et des écarts qui enrichissent.

Pour guérir

> « Bien sûr, il y a eu un début, une origine. Une cause au gâchis. Mais c'était un simple accroc. Presque rien. Et qui s'est agrandi à coups de silence. À coups d'oubli. Ils n'en ont plus jamais parlé. »
>
> Pierre CHARRAS, *Dix-neuf secondes.*

C'est le couple social qui vient en thérapie : un homme, une femme, mariés ou non, en tout cas conjugalisés depuis un certain nombre de mois ou d'années. La décision se prend à partir de la sensibilité de l'un ou de l'autre, ou du constat des deux partenaires, relatif au déclin de l'union d'origine.

La plupart du temps dans la vie des couples, ce sont surtout les femmes qui, les premières, se questionnent, se remettent en cause et s'interrogent sur ce qui manque dans les liens amoureux. Ces femmes revendiquent une qualité des rapports affectifs et quotidiens, car elles ne veulent pas, ou plus, de ceux qui se sont installés dans la routine, l'habitude et l'acquis. Elles ne s'accommodent plus alors de ce qui est inauthentique, fade, dans leur couple et décident de demander de l'aide.

Les femmes n'ont pas l'exclusivité de cette démarche. Cependant elles sont plus enclines que les hommes à évoquer leurs difficultés, leurs frustrations, leurs ressentis, leurs espoirs et l'idée qu'elles se font du bonheur à deux...

Les hommes se livrent moins, expriment peu ou pas leurs émotions et leurs sentiments, en couple. Ils se définissent comme pudiques.

Pour comprendre pourquoi la femme initie l'approche thérapeutique, il convient de se souvenir de ce qui se passe souvent dans l'enfance. Les filles ont eu droit, en général, au seul enclos émotionnel qui leur était dévolu par les grandes personnes : le duo peur/tristesse. Paradoxalement, ces mêmes grandes personnes pouvaient se moquer d'elles avec le soutien de l'environnement. Ces fillettes ont su, très tôt et douloureusement, ce qu'étaient la frustration, le manque, la soumission, face aux prérogatives des garçons qui eux n'avaient, la plupart du temps, droit qu'à la colère, aux empoignades physiques, à la force. Sans doute est-ce en raison de ce déterminisme, que, plus tard, on dit des femmes qu'elles sont sensibles et vulnérables, comme si elles possédaient l'exclusivité de ces caractéristiques humaines.

Les petits garçons, pendant ce même temps, censurés du côté de l'attendrissement et des pleurs, doivent se montrer courageux, ne pas sentir. Ils sont valorisés dans une tonicité aux limites de la violence et de la colère explosive.

En aucun cas, il ne s'agit de généraliser à toutes les petites filles, tous les petits garçons et de parler de fatalité génétique. Il existe des délimitations familiales : les filles ont plus souvent la permission de ressentir, d'être centrées sur l'aspect intérieur des choses de la vie (ne les décrit-on pas comme intuitives ?) et les garçons celle d'agir, de guerroyer, d'être tournés vers l'extérieur (ne dit-on pas, en guise de reconnaissance appuyée, qu'ils sont tournés vers l'action ?).

Réunir les couples, dans un même groupe de thérapie, avec une perspective de guérison, permet aux femmes et aux hommes de s'ouvrir à des registres de réactions et d'émotions plus larges que ceux qu'ils avaient appris. Ils se laissent atteindre par l'authenticité ambiante. Ils se surprennent à s'émouvoir. Ils découvrent le dialogue et la communication sans fard. Ils expérimentent des gestes, des manières plus riches de s'exprimer, des modulations langagières et émotionnelles nouvelles.

Dans les groupes de thérapie, les hommes et les femmes en couple vont percevoir assez rapidement l'importance d'un passé qui les a marqués.

Yvonne et Robert ne sont pas mariés. Ils vivent ensemble depuis douze ans, après un veuvage pour chacun. Robert a présenté la thérapie de couple à sa femme comme une mise en demeure. Il n'en peut plus de l'étouffement persistant d'Yvonne à son égard et de ce qu'il ressent aujourd'hui : le désir de fuir hors de cette union. Yvonne a accepté l'aide thérapeutique, consciente du ressentiment de Robert et de sa propre difficulté (quasi insurmontable) à desserrer la pression sur lui, mais aussi parce qu'elle se sent seule et épuisée par leur vie quotidienne.

Dans le groupe de thérapie de couple qu'ils rejoignent, les thérapeutes les invitent à décrire leurs rancœurs et leurs malaises, chacun à leur tour et sans s'interrompre. Celui qui écoute aura un peu plus tard, dans un processus de reformulation, à restituer ce qu'il a retenu de la narration de son conjoint. Ce face à face nous paraît intéressant pour modifier les registres de la communication établie entre eux à ce jour : chacun dans le couple se trouve peut-être confronté pour la première fois à une situation d'écoute mutuelle et silencieuse. Il ne joue pas là au ping-pong. Il s'exerce à écouter et à se taire. Chacun, à partir de sa subjectivité, donne à entendre à l'autre son contentieux personnel.

Robert, très en colère, reproche à Yvonne de contrôler ses moindres faits et gestes, d'exiger le matin le programme de ce qu'il a prévu pour sa journée ou le soir le compte-rendu de ses activités. Il dit : « Je suis épié, infantilisé, je me sens obligé de te mentir pour avoir mon espace personnel. Moi qui aime la transparence, je suis comme un gamin qui doit se cacher de sa mère. Je dois inventer des ruses, pour me rendre à mes obligations politiques, dont tu ne comprends pas l'importance. Pourtant, tu les connais depuis notre rencontre. J'ai été clair avec toi, tu savais que je ne les éliminerais pas. Chaque fois que j'ai à m'absenter, tu me joues la grande scène du deuxième acte de la femme délaissée. C'est insupportable ! »

À première vue, le couple s'apparente à l'assemblage d'un homme révolté et d'une femme tyrannique. Quand Yvonne est invitée à s'exprimer, ce qu'elle dit se situe tout de suite sur un autre registre que celui de son compagnon : elle se plaint de tenir dans sa vie une place mineure, voire inexistante, depuis le début de leur union. Elle accuse Robert d'avoir sans cesse différé leur mariage, pour rester fidèle à la mémoire de sa première femme. Tout un cortège de récriminations concrètes suivent, pour étayer sous forme de preuves, sa démonstration : Il a conservé et fréquente encore seul son réseau d'amis d'autrefois, sans prendre la peine de le lui présenter. Il n'accepte pas de déménager de leur appartement, qui était initialement celui de son premier couple. Il refuse de se séparer d'objets offerts par son ancienne compagne (un porte-monnaie et un étui à cigarettes métallisé). Et cela malgré les efforts qu'Yvonne a entrepris pour remplacer, par des attentions personnelles, ce qu'elle appelle « les cadeaux empoisonnés de l'Autre ».

Il est aisé de comprendre qu'Yvonne souffre d'un sentiment d'abandon et du *syndrome de Rebecca*[1]. Elle n'a pas d'espace auprès de Robert et surtout ne se donne pas la place qui lui revient, en tant que partenaire d'aujourd'hui. Elle se sent de trop.

En séance, elle manifeste de la colère et du chagrin. S'adressant à Robert, elle se révolte : « Quand je te parle, tu

1. *Rebecca* est un roman de Daphné Du Maurier, dont l'héroïne mariée depuis peu perçoit comme une ombre grandissante et de plus en plus menaçante dans son couple le souvenir de la première femme de son mari. Ce fantôme mystérieux hante ses jours et ses nuits.

ne m'entends même pas ! Le peu de temps où tu es présent à la maison, tu en profites pour saisir la première revue qui traîne sur la commode, et te plonger dans sa lecture, pour ne pas m'écouter. Je me sens humiliée, bâillonnée. Je veux parler avec toi, mais toi, c'est ailleurs que tu parles. Alors, bien sûr, tu n'as pas envie de dialogue entre nous ! J'en arrive à être jalouse de ceux que tu rencontres dans tes réunions. Je vois bien qu'ils comptent plus que moi. C'est comme si tu avais une maîtresse ! Oui, je suis jalouse, j'en ai bien le droit, et toi tu n'en as rien à faire. C'est seulement quand la coupe est pleine pour moi, quand je me mets à hurler, que tu me donnes quelques miettes de ton temps. Il faut que je sois furieuse pour que tu cèdes un peu. Mais ça ne dure pas. De toute façon, tu le fais avec tellement de mauvaise grâce, que je suis encore plus en colère. Et puis après, quand tu pars, ou même quand tu restes, je me sens mal, je m'en veux. J'ai l'impression de jouer le rôle de la mégère, de celle qui n'est jamais contente. Mais c'est toi qui me pousses à bout ! » Yvonne est surtout centrée sur l'énorme manque que lui procure l'absence de Robert.

Au cours d'autres sessions, chacun revient sur ses insatisfactions, et rapproche les aspects intenses de ses émotions, de ce qui peut les relier à l'enfance. Robert est en rage. Il se remémore sa mère, très exigeante avec lui, qui ne lui laissait pas de répit, dans aucun domaine. « Si j'avais décroché la lune, elle aurait même été capable de dire que je ne l'avais pas fait exprès et que l'astre m'était tombé tout seul dans les bras ! Ce que je faisais, ce n'était jamais bien, jamais assez, quoi que j'entreprenne. À l'école, même si j'étais bien classé, elle soupirait qu'elle n'avait pas eu de chance d'avoir un fils comme moi. Jamais je n'ai rencontré quelqu'un d'une si parfaite mauvaise foi. Elle me pourrissait la vie ! »

Quant à Yvonne, ce qu'elle revit est douloureux aussi. Elle se revoit, au pensionnat où le silence accompagnait la plupart des activités. Un jour qu'elle chuchotait avec sa voisine durant le temps de l'étude, la surveillante était venue lui coller un morceau de papier collant sur la bouche. Elle avait dû le garder jusqu'au moment du souper au réfectoire. Les autres s'étaient bien moqués. Elle s'était sentie seule et honteuse.

À ce moment du travail thérapeutique, chacun peut mesurer ce qu'il a projeté sur l'autre. Robert voit les traits de sa propre mère sur Yvonne (qu'il a choisie !). Il discerne comment, dans sa vie d'aujourd'hui, il a amalgamé l'emprisonnement d'hier et ce qu'il vit avec sa compagne.

Yvonne, de son côté, est amenée à rapprocher le traumatisme du pensionnat, de ce qui est intolérable dans sa situation avec Robert. Elle se sent « bâillonnée ».

Les affects de peurs, de rages, de chagrins sont « revisités » au cours de différentes séquences de leur thérapie.

Bientôt, il est temps pour eux de concrétiser des solutions : Ils échangent à propos de l'emploi de leurs loisirs en couple, après que Robert a accepté d'être significativement plus présent auprès d'Yvonne. Il accède à la demande de sa femme de consacrer deux jours par semaine au couple, pour des sorties joyeuses, culturelles ou ludiques, en amoureux. Elle s'engage à lui écrire des petits mots doux, sous forme de poèmes. Robert a conservé la nostalgie de tous ces écrits, dont au début de leur union elle parsemait les meubles, pour le surprendre et lui dire son amour. Ils conviennent, tous deux, que leur déménagement dans une nouvelle maison est indispensable. Ils pourront dire : « C'est la maison que nous avons choisie ensemble pour y être bien tous les deux. » Le groupe intervient pour fêter, féliciter, encourager Yvonne et Robert.

Les groupes de thérapie de couple concourent à une connaissance personnalisée d'autrui, du fait de la diversité des âges, des milieux d'origine, des conditions socio-économiques, des niveaux d'études. Les formes d'expression verbale, comportementale et sentimentale, différentes d'un participant à l'autre, illustrent les types de personnalité et les modes de communication qui en découlent dans le couple. L'absence ou la présence d'enfants sous le toit familial, d'amis nombreux ou rares, de belles-familles étouffantes, à bonne distance ou totalement absentes, nuancent les points de vue initiaux. Les expériences amoureuses passées, selon qu'elles ont été manquantes, rares, multiples, traumatisantes ou humainement riches, définissent d'autres ingrédients relationnels.

Au cours des sessions, à l'occasion de certaines négociations du couple, de certains compromis ou même tout simplement de dialogues, les deux partenaires peuvent solliciter les réactions d'autres participants du même sexe ou au contraire de sexe opposé, pour comprendre leur conjoint. Les différentes séquences modélisent. Elles font apparaître une diversité de choix de vie, d'alternatives aux problèmes.

Dans notre vision thérapeutique, la structure du groupe de travail est un contenant, circonscrit de manière claire. Les possibilités de recherches sur soi et le couple y sont nombreuses et variées.

Le nombre optimal de couples réunis dans un groupe se situe entre huit et douze, ce qui offre un large panel de problématiques. Chacun s'y reconnaît la plupart du temps et, en raison de la dimension du groupe, se sent soutenu, entendu, étayé... Le microcosme qu'est le groupe représente un métamodèle de relations humaines vivifiantes. Des projections et des identifications nombreuses circulent à l'occasion du travail des autres.

La durée de la session mensuelle sur une à deux journées ressemble à une immersion privilégiée, une pause, un entracte, « un espace transitionnel », une distanciation par rapport aux soucis, au quotidien des enfants, de la maison et du travail.

Chaque couple s'engage pour une participation de trois sessions, ce qui lui permet d'observer et de mesurer l'adéquation entre les formes de travail proposées et ses besoins.

Il a ensuite, en toute liberté, la possibilité de poursuivre ou de quitter.

Les règles de confidentialité et de non passage à l'acte, énoncées et respectées, sont nécessaires mais non suffisantes. Nous veillons à l'acceptation inconditionnelle des êtres présents, à la circulation de l'énergie positive et à l'intimité, au sens de la proximité émotionnelle. La négociation, l'émergence du dialogue vrai, l'engagement de chacun dans le cheminement de son couple et celui des autres, créent les conditions d'un cadre puissamment protecteur et bienveillant, nourri de valeurs humaines fortes. Chaque participant s'investit dans le maintien d'une atmosphère propice aux progrès, aux changements et aux transformations durables des bases de l'amour.

La confiance ambiante du groupe, celle de l'autre partenaire et des thérapeutes, est un facteur déterminant dans les progrès accomplis par chacun. Elle crée une atmosphère de sécurité propice à la découverte et à la stimulation de ressources personnelles insoupçonnées, en matière de communication nouvelle. Les participants renvoient à chaque partenaire une bonne image de soi, valorisée, nourrie, renforcée. Chacun de nous, dans sa quête narcissique, a besoin au long cours de cette revitalisation individuelle, pour contacter, construire et ancrer profondément l'estime de soi.

Il arrive cependant qu'un homme ou une femme ne se sente pas suffisamment soutenu dans le groupe, et fasse état d'« un fantasme d'alliance » des thérapeutes – voire des autres participants – avec l'autre partenaire. Alliance qui, selon eux, les dessert dans leur projet. Cette question de la position de l'alliance en thérapie de couple est forcément délicate. Les échanges avec les thérapeutes peuvent renvoyer chacun, sur des modes régressifs, à des réminiscences de sa position au sein de sa famille d'origine. Les affects archaïques de l'enfance resurgissent. Petits, ces hommes et ces femmes se vivaient moins aimés que leurs frères ou leurs sœurs et du même coup se sentaient rejetés par leurs parents.

Il n'est pas rare que, dans les familles, des enfants éprouvent un douloureux sentiment de préférence affective, de lien d'alliance pour ou contre, d'injustice réelle ou fantasmée. Avant toute chose, les thérapeutes sont, de manière indéfectible et déterminée, les partenaires amicaux et bienveillants de chacun, du couple et de la relation du couple. Ils sont vigilants à ce qu'il en soit de même, peu à peu, pour les autres participants.

Il existe pourtant des obstacles à la thérapie de couple en groupe.

Un premier écueil se situe dans l'attitude d'un des partenaires. Passif ou craintif, il ne s'engage pas personnellement et suit seulement la volonté de l'autre, en traînant les pieds. Parfois, son indécision et son manque d'adhésion sont balayés par l'idée intolérable d'une possible séparation envisagée par son conjoint. Au contact des autres couples, qui en thérapie progressent malgré les difficultés de tous ordres, il se rassure et commence une remise en question, d'abord timide puis de plus en plus affirmée. Son inhibition de départ s'estompe et, quand il découvre que la fréquentation du groupe lui est bénéfique, il reste.

Un second frein majore la difficulté : l'un des partenaires veut du changement, l'autre y est réfractaire et n'en veut pas. Ce problème doit être abordé et traité préalablement en thérapie individuelle, car il s'agit d'une résistance. Son maintien s'opposerait autant à l'évolution du couple qu'à l'énergie du groupe.

Un troisième empêchement se présente quand les deux partenaires ne savent pas ce qu'ils veulent pour leur couple. De plus, ils redoutent leur insertion dans un groupe. Là encore, il est important qu'ils aient du temps, en entretiens individuels, pour préciser leurs objectifs communs et se décider ou non à rejoindre un groupe. Posséder toutes les informations indispensables, pour être rassurés, est un préalable à leur décision.

Un quatrième obstacle peut être souligné, quand le but

réel caché d'un des partenaires est d'avoir une tribune, pour régler des comptes et nous entraîner dans un jeu de *Tribunal*[1].

Les reproches expriment, de manière inappropriée, l'attachement blessé. Nous sommes alors, en tant que thérapeutes, attentifs à souligner toute l'énergie d'amour qui sous-tend cette dérive de la communication. « Il semble que vous ayez besoin tous les deux, Roger et Hélène, d'être reconnus dans ce que vous faites l'un pour l'autre. Prenez du temps, chacun de votre côté. Seul ou aidé par un membre du groupe, listez vos marques d'amour et d'attention, que l'autre ignore ou banalise. Cochez différemment celles qui, selon vous, lui font réellement plaisir et celles ou vous doutez du résultat. Revenez et partagez avec nous. » Parfois, à la demande des participants, tous les couples explorent cet exercice. Les découvertes et les étonnements sont très souvent au rendez-vous !

En thérapie de couple, les partenaires apprennent à abandonner leur fonctionnement habituel, fait de règlements de comptes, de décharges de haine, de mépris, de menaces, ou au contraire de silences résignés, alourdis par la peur d'entrer dans les conflits. Ils amorcent des deuils.

Petit à petit, par l'expérimentation et l'observation des autres couples, une expression émotionnelle constructive les aide à revisiter les crises et apurer les comptes. Ils remplacent : « Comme d'habitude, tu as vraiment été infecte envers moi dimanche, en présence de tes copines. Tu peux toujours courir pour que j'aille à la réunion des copropriétaires ! » par : « J'ai été choqué et humilié quand tu m'as

1. *Tribunal* : il s'agit d'un jeu psychologique répandu, au cours duquel « un plaignant » sollicite le concours d'« un juge », dans le litige qui l'oppose à un « accusé ». Dans le groupe de thérapie, un des deux partenaires peut chercher à obtenir une alliance avec les thérapeutes et/ou les autres participants, contre son conjoint. L'obtenir, ce serait consolider l'idéologie que dans la manifestation d'un problème de couple, il est indiscutable que l'un a tort et l'autre raison. Le jeu du « Tribunal » vise à renforcer la disqualification de l'autre, avec la caution d'un ou de plusieurs « tiers ».

traité de “sale facho !” devant tes copines. Non seulement, je ne veux pas que tu recommences mais je veux que tu t’excuses et qu’on s’explique. »

Les couples qui s’engagent dans le travail thérapeutique que nous mettons en œuvre viennent pour obtenir, non seulement des progrès, mais aussi des changements concrets, réalistes et durables, c’est-à-dire des transformations, dans les différents domaines pour lesquels ils avaient atteint des cotes d’alerte insolubles.

Voici un exemple de problème évoqué au cours de la thérapie.

À la maison, Tania crie beaucoup sur ses enfants, chaque fois que leur comportement ne correspond pas à ce qu’elle attend : se mettre aux devoirs dès la fin du goûter, se brosser les dents avant le coucher, enlever ses bottes crottées dans le vestibule, goûter aux plats présentés à table… Pendant ce même temps, Georges, le père des enfants, sourit, se tait et laisse sa femme agir. Tania lui en veut beaucoup de ne pas intervenir, de ne pas prendre sa place de père, de parent. Elle alterne entre le silence vis-à-vis de Georges, accompagné du redoublement de la rage envers les enfants et l’explosion injurieuse envers son mari. Ce qui a pour effet de rendre ce dernier encore plus passif, résistant et pusillanime. En tout état de cause, les situations récurrentes non seulement n’évoluent pas, mais souvent empirent : punitions, privations, gestes de violence. C’est une spirale infernale et douloureuse pour tous et chacun.

Quand Tania et Georges viennent en thérapie de couple, ils évoquent ces problèmes demeurés à ce jour épineux, et pour lesquels ils croient avoir *TOUT* essayé. Ils sont dans une impasse !

La première partie du travail auquel les thérapeutes les engagent consiste d’abord à définir *un objectif de couple* sur lequel ils pourront s’accorder. Cet objectif est clarifié jusqu’à une énonciation commune. Exemple : « Nous allons créer une atmosphère vivante et paisible sous notre toit, aussi bien pour notre couple que pour nos enfants. Nous aborderons et nous réglerons les problèmes du quotidien, de sorte qu'ils n'altèrent pas cette ambiance. » Cette élaboration de l'objectif du couple peut parfois demander du temps en amont, à l'occasion de séances de consultations individuelles, où chacun recense ses frustrations, ses rancunes accumulées, ses déceptions…

Dans la seconde partie, en groupe de couples, les thérapeutes invitent à une réplique la plus juste possible des scènes familiales, dans *l'ici et maintenant*, impliquant chacun émotionnellement et pas seulement à la surface des mots. L'homme et la femme contactent l'inadéquation de leur expression émotionnelle et comportementale. Ils revivent leurs situations familières, avec la présence impliquée des autres participants, dans ce temps et ce lieu protégés, distanciés de la maison. Chacun est avec son conjoint, au lieu d'en être détaché. Il agit et se voit agir. Il voit et atteint émotionnellement son partenaire, comme il n'était plus en capacité de le faire. Il est dedans et il est dehors. *L'insight* est là qui permet une triple prise de conscience.

D'abord « Ah ! c'est moi cette mégère ? » « Ah ! c'est toi cette chose inerte ? » « Ah ! c'est toi cette virago ? » « Ah ! c'est moi cet être désarmé ? » Ensuite, des horizons nouveaux s'ouvrent sur des réactions autres, concrètes et efficaces, bouleversantes et rassurantes.

L'énergie était bloquée dans des attitudes figées, défensives et agressives. Maintenant, elle est libérée et peut servir de vecteur à la créativité comportementale, à l'authenticité de l'expression émotionnelle et à l'élaboration d'un cadre de référence adéquat. Chacun est alors en mesure d'établir des liens entre son histoire personnelle ancienne et la trajectoire de son couple jusqu'à aujourd'hui.

La formulation de l'engagement de chacun devient possible, dans la perspective de la transformation de l'atmosphère familiale. Georges : « Je vais prendre du temps avec mes enfants, pour les aider à faire leurs devoirs et adopter petit à petit certaines règles de vie qui sont les nôtres dans la maison. Pour y parvenir, je communiquerai avec ma femme et j'interviendrai auprès d'elle, avec amour et fermeté, afin de l'encourager à lâcher le contrôle et se régaler dans un rôle plus maternant. » Tania : « Je vais obtenir de la tendresse de la part de Georges, en le sollicitant et en restant attentive au canal de paroles qui lui convient. Avec les enfants, j'accepterai à certains moments de me mettre en retrait et faire confiance à Georges, pour établir et faire respecter les règles parentales. J'apprendrai à être la maman câline et douce. »

Ces contrats ne sont pas des décrets d'application immédiate d'une loi qui serait formalisée en séance. Ils sont à la fois une étape liminaire de résolution et une trajectoire de croissance, un outillage avec lequel les participants quittent les séances. Pour autant, leur savoir-faire entre les séances va vivre les avatars des essais, des erreurs, des rechutes et des paliers que comporte tout apprentissage.

Au cours des sessions, ce qui se vit et se dit permet un travail d'élaboration entre les partenaires, qui met à jour les interactions pathogènes dans lesquels la relation s'était enlisée, sur le mode régressif des besoins scénariques propres à chacun.

Le travail thérapeutique, de par ses formes spécifiques, donne à voir au couple, comme dans un miroir, les mises en scène conscientes et surtout inconscientes du script adopté jusqu'à maintenant.

Dans l'exemple de Tania et Georges, comme pour les autres couples que nous suivons, la composante narcissique (c'est-à-dire l'immaturité du Moi qui tangue entre l'emprise de l'autre et la dépendance à l'autre) intervient en premier lieu. Ce que les partenaires montrent bien dans les situations de bras de fer : « C'est toi qui m'as fait mal. C'est toi qui as tort. C'est comme ça et pas autrement. Tu prends ou tu laisses ! » et dans *le double lien*[1] : « De toute manière, tu ne changeras jamais. Et d'ailleurs si tu continues, j'me casse ! »

La mise en place et l'appropriation de l'objectif de couple, puis du contrat de chacun pour y parvenir, suscitent, développent, enrichissent et conservent la composante amoureuse de chacun. Celle-ci se définit, selon nous, comme la capacité de rester en lien avec son partenaire dans les conflictualités créatives, aidés en cela au début, par les thérapeutes.

Donnons un exemple d'expression de la colère dans le maintien de l'amour durable et de la relation stable. « Je ne veux plus, le soir, être seule avec les enfants et manger sans toi. Je ne suis pas d'accord non plus avec le fait que tu t'enfermes dans ton bureau ou que tu t'isoles devant la télé lorsque tu reviens du travail. J'ai besoin de te retrouver vraiment, d'échanger avec toi. Notre couple, pour vivre, en a besoin tous les jours. Tu es très important pour les enfants et, qu'ils l'expriment ou non, ils sont demandeurs d'un père avec lequel ils jouent, partagent des activités, discutent... Nous devons changer notre fonctionnement. Moi : arrêter de crier ou de me plaindre. Toi : cesser de t'enfermer dans ta muraille de Chine ou dans tes rêves. Regarde-moi, fais-moi des bisous, écoute-moi et réponds-moi. Je tiens à toi et je veux que notre couple se consolide. »

En thérapie, les couples vont développer *la conscience et le maintien de leurs frontières externes et de leurs frontières internes*, nécessaires à la préservation de la dyade homme/femme.

---

1. *Le double lien* constitue un enfermement, une impasse dans laquelle s'engage la relation des deux partenaires. Dans l'exemple fourni plus haut, le récepteur est piégé par un double énoncé contradictoire du locuteur, entre l'affirmation : « Tu ne changeras jamais » (c'est une certitude, un postulat) et la menace : « Et d'ailleurs si tu continues, j'me casse ! » Le récepteur ne peut envisager de changer et en même temps il est sommé de le faire. Autre exemple courant dans un couple : « Tu ne prends jamais position, c'est désolant ! » dit une femme à son mari. Si ce dernier s'engage et n'est pas du même avis, elle rétorque : « Quelle idée ! comment peux-tu défendre une telle opinion ? » Quelle que soit l'attitude adoptée par le mari, silence ou affirmation de ce qu'il pense, il a tort. Il n'est pas conforme à ce que sa femme attend.

La frontière externe sépare symboliquement et factuellement le couple vis-à-vis des enfants, le couple et les enfants du reste de la famille. Et en particulier de la parenté la plus proche : la fratrie et les parents. Limiter les contours des relations avec les familles d'origine n'est pas simple. Cependant, c'est une condition indispensable pour préserver les zones d'autonomie, écarter les tentatives d'ingérence des uns et des autres, déjouer les manipulations et les jeux d'influence. La distance géographique qui sépare le couple de la famille ne garantit pas forcément l'affranchissement et l'autonomie du couple, mais plus le couple est proche du reste de la famille, plus les risques sont grands de mainmise et de droit de regard. Certains couples, en habitant le même village que leur famille, ont su délimiter leur enclos personnel d'un cordon sanitaire de préservation. À l'inverse, d'autres éloignés de leurs parents par une distance de près de mille kilomètres n'ont pas coupé le cordon ombilical et se sentent obligés de les appeler tous les soirs au téléphone. Le lien de dépendance est maintenu.

Dans le film *Scènes de la vie conjugale*, Johann et Marianne s'obligent chaque fin de semaine à visiter la belle-famille, malmenant ainsi la frontière externe du couple. Ils peuvent, par voie de conséquence, avoir de « bonnes/mauvaises raisons » de négliger leur intimité, au profit de l'instance moralisatrice qui leur dicte leurs devoirs du week-end.

D'autres diktats familiaux, réels ou non, empoisonnent les couples, quand ces derniers ne savent pas, ou ne peuvent pas dire « Non » à leurs parents, ou quand la vie au quotidien est soumise au pouvoir des proches. Tout se passe alors comme si les actes, les réactions, sont dictés par « les ordonnances » parentales. Il existe des systèmes environnementaux, où les couples ne décident que ce à quoi la communauté familiale a souscrit. De même, il arrive qu'un des partenaires définisse de manière arbitraire les relations avec l'entourage : par exemple l'obligation ritualisée de passer les dimanches, les fêtes et les événements importants ensemble, ou avec untel, ou sans untel.

Un couple qui vit avec ses parents, ou un de ses parents survivant, se contraint souvent à une intimité cachée, mal aisée et y renonce même, pour satisfaire la prescription familiale : « Ne sois pas proche, ne sois pas intime dans ton couple. » Il peut aussi exprimer son intimité jusqu'à un certain degré, qui reste insatisfaisant.

Martial et Constance ont vécu pendant des décennies sous le joug de la belle-famille. Depuis le début de leur union, ils paient cher le choix amoureux de Martial d'avoir épousé Constance il y a trente-huit ans. En effet, les parents s'opposaient à ce qu'une jeune fille d'un milieu modeste soit introduite dans leur monde. Quand néanmoins Constance et Martial se marient, ils sont encore immatures, influençables et s'illusionnent quant aux modifications à terme des attitudes de leurs aînés. Martial est persuadé que son père Edgar finira bien, un jour, par approuver sa décision initiale et que l'arrivée attendrissante des petits-enfants dissipera l'animosité maternelle.

Il n'en est rien. Leurs espoirs s'évanouissent, car les parents s'acharnent à se mêler en permanence de leurs achats, de leurs sorties, de leurs relations et de la manière dont ils éduquent leurs enfants. Martial et Constance subissent. L'occasion va se présenter à la belle-famille de resserrer son emprise. Le prétexte en est la fin d'activité professionnelle d'Edgar, le père de Martial, concomitante à l'entrée en sixième de l'aîné des petits-enfants. Les grands-parents déménagent au plus près. C'est l'enfer pour Martial et Constance qui diront plus tard : « Nous étions des pions sur un échiquier. »

Martial est en pré-retraite quand Constance nous contacte, après un épisode dépressif grave, passé sous silence et une tentative de suicide. Très vite, au cours des entretiens individuels avec elle, nous percevons le lien entre son effondrement, la toute-puissance des beaux-parents et l'enkystement du couple. Au fil des années, chacun, dans une dynamique de « sauve qui peut », s'est retranché loin de son conjoint, faute de pouvoir écarter la belle-famille : Martial avec ses créations de maquettes de voiliers, Constance avec son activité de vente à domicile de produits d'entretien. Même après le décès des parents de Martial, les deux époux ne savent plus communiquer.

Nous demandons à Constance de venir aux entretiens, accompagnée de Martial, car il nous apparaît qu'une thérapie de couple sera un chemin plus direct pour guérir : Constance tournera le dos à sa dépression. L'union désertée sera réinvestie. Chacun dans ce couple se débarrassera des scories de la parenté.

Martial accourt et, durant les rendez-vous thérapeutiques, renoue avec un espoir aussi robuste que celui qu'il avait vis-à-vis de ses parents, il y a bien longtemps : conserver sa femme auprès de lui. Assez rapidement, ils conviennent que les autres participants les aideront à se constituer « une famille » légère, respectueuse, attentionnée. Ils entrent dans un des groupes de couples. La soixantaine leur confère auprès des autres un statut particulier de bons aînés, ce qui les restaure dans l'estime d'eux-mêmes.

D'abord gauches et retenus, leurs affects de colère s'enchaînent en cascades. Constance se livre à un véritable putsch, face au despotisme passé de ses beaux-parents et de la résignation de Martial. Ce dernier réécrit une autre fin au Mythe de Sisyphe : le rocher massif que représentaient ses parents est projeté de l'autre côté de la montagne. Il peut enfin s'affranchir d'eux et se sent rajeunir, en lui-même et dans son couple : « Je regarde Constance, je la trouve belle et je le lui dis. On n'arrive plus à être vieux ! Notre état d'esprit a changé et n'est plus celui de notre génération. » Constance ajoute : « Nous nous réveillons grands-parents, sans avoir pris le temps d'être parents, tant la famille nous infantilisait et mobilisait toute notre énergie. » Plusieurs séances consacrées à l'évocation des années ratées en tant que parents rapprochent encore le couple. Tous les deux demandent pardon à leurs enfants, de leur avoir si peu donné de disponibilité, de réconfort et de proximité. D'abord en séance, puis dans la réalité.

Ils ont encore besoin de temps pour accepter de vivre à deux les heurts de la quotidienneté. Nous leur suggérons *« des devoirs à la maison »* : s'exercer à des conflits, pour expérimenter d'être *« d'accord de ne pas être d'accord »* et de vérifier que la dispute ne mène pas à la rupture. Constance dit : « Avant, je n'étais pas directe. Je n'affirmais pas mes positions. J'arrondissais les angles. Je réfléchissais toujours pour que ça se passe bien. Maintenant, il peut y avoir des tiraillements entre nous, je vais finir de dire ce que j'ai à dire. »

Une autre condition de l'entente et de la préservation du couple est la notion de *frontières internes*. Ce sont elles qui définissent les territoires personnels. Chacun des partenaires, pour se sentir exister, pour se percevoir en tant que Soi, a besoin de son espace/temps individuel et intime, de son rythme. L'absence de cette latitude dans un couple est un clignotant de danger. La symbiose, à terme, devient maladive. Elle pèse, étouffe, et provoque des ressentiments liés aux frustrations. L'espace de liberté est une revendication légitime, sur laquelle chacun gagne à se faire entendre. Les affinités et les goûts différents enrichissent la vie de couple. Chacun respecte et fait respecter ses frontières propres, dans des limites financières, temporelles, affectives, relationnelles... acceptables.

C'est, par exemple, en fin de semaine, le besoin d'une balade solitaire, d'une partie de bridge mensuelle avec des copains, d'une visite impromptue à sa famille, de casser parfois sa tirelire pour se payer un beau vêtement, de se rendre à des réunions politiques, syndicales, associatives, religieuses...

Dans un couple, des amis communs et des amis

personnels existent, mais aussi des activités de plaisir partagé et des temps propres à chacun : Jean aime suivre des cours d'aquarelle, Mireille n'aime pas la peinture. Elle raffole de l'aquagym, Jean n'a pas d'attirance pour l'élément Eau. Myriam court les conférences sur le Tibet avec une copine qui partage sa passion du continent asiatique, Hubert ne s'y intéresse pas. Il s'éclate à la chasse, Myriam n'irait certainement pas ! On pourrait multiplier les exemples...

Accepter l'autre dans ses différences sensibles n'est pas seulement une question de considération mutuelle, c'est aussi assurer le lien d'amour, parce que la frontière interne de l'autre est maintenue intacte dans certains domaines. L'éloignement géographique et temporel momentané n'est pas un éloignement du cœur, une désertion, un abandon. C'est un ressourcement indispensable pour la santé du couple, dans lequel chacun revient « nourri » de ce qu'il a vécu seul ou avec d'autres humains. C'est une condition indispensable de l'équilibre, une protection fondamentale de l'union. Croire qu'on peut vivre ensemble vingt-quatre heures sur vingt-quatre, heureux, sans autre besoin que l'autre, est une réalité des débuts amoureux, mais assez vite une chaîne pesante ou à tout le moins une union dépourvue de relief, de créativité, de mouvement...

Chaque partenaire respecte la réciprocité des besoins, des attentes, des libertés... Le couple est alors constitué de deux entités autonomes qui demandent et donnent de l'aide, de la protection, de l'amour... Faiblesse et force, puissance et vulnérabilité, légèreté et sérieux... sont tour à tour échangés.

La durée du couple et la force de l'attachement réciproque, fondé principalement sur les marques de tendresse, mais aussi sur la sexualité, impriment le sentiment d'importance particulière dans le couple, et une confiance en soi qui n'est pas seulement une représentation, mais une énergie positive forte. Ce qui est totalement différent d'un ressenti de soumission à l'autre ou de possession de l'autre.

Dans le groupe de thérapie de couple, chacun fait l'expérience qu'il n'est pas dangereux d'être dans un processus de subjectivation de l'histoire du couple. C'est-à-dire qu'ici, il est indispensable de retracer, de développer, de détailler, de revivre les difficultés rencontrées, telles qu'elles sont réellement perçues et ressenties par chacun, et non pas telles qu'elles nous paraissent acceptables par l'autre ou les autres.

Les partenaires arrivent en thérapie, avec les ressentiments d'un douloureux passé de couple. Le travail, la plupart du temps, débute par l'exploration d'un pan d'insatisfactions : l'homme et la femme se placent debout, dans l'espace, en s'éloignant d'environ huit mètres l'un de l'autre, face à face et les yeux dans les yeux. Cinq participants maintiennent physiquement chacun à cette distance et l'encouragent à crier le plus fort possible ce qu'il a sur le cœur, en même temps que l'autre. Le but est de se focaliser sur soi et de ne pas écouter l'autre. Les thérapeutes veillent à ce que l'homme et la femme restent centrés sur eux-mêmes, sur leurs capacités (peut-être nouvelles ou trop habituelles) à « expectorer » leur colère. Ils sont engagés aussi à ressentir ce qui les empêche d'être proches. Le groupe, par ses applaudissements, valide le but : renouer.

Le couple reproduit la scène à six mètres puis trois mètres… Ce rapprochement dans l'espace et l'obligation de maintenir le lien du regard aboutissent à un début de proximité. Certains couples fermés, bloqués, froids, rancuniers ont besoin de plusieurs expérimentations de ce type, de tout leur engagement « Adulte » et du soutien indéfectible du groupe, pour réussir.

Le deuxième volet du travail thérapeutique consiste à se remettre en scène, dans des conditions analogues au premier temps. Cette fois, chacun est encouragé à tour de rôle, et autant de fois que nécessaire, à exprimer à l'autre, à partir d'un « JE » responsable et puissant, ce qui fait problème. L'autre se tait, écoute, entend, et répond avec ses mots : « Je comprends, je te crois, je me rends compte... » de manière à se sentir touché, concerné. Il met de côté momentanément ce qu'il serait enclin à répondre, de manière automatique et défensive, comme il le ferait à la maison. Toute son attention est focalisée sur son partenaire, sur ce qu'il dit et ce qu'il montre de ses émotions.

Celui qui écoute, contacte une ressource nouvelle, nécessaire dans le couple : *l'empathie*[1].

À la fin de cet échange, soulagés, détendus, dans le rire ou dans les larmes, très proches physiquement, ils abandonnent peu à peu la compétition dans laquelle seul comptait le marquage des points.

À propos de la colère que l'on peut exprimer à l'autre, ou que l'on peut recevoir de l'autre, dans le processus de croissance du couple, nous pouvons revenir à ce qu'écrivait le psychanalyste W. R. Bion, à propos du bébé, dans ses interactions avec la mère ou les autres figures substitutives : « Une fois soulagé (de la rage ou de la colère exprimée), le bébé perçoit qu'il a projeté quelque chose d'intolérable dans son objet, mais que l'objet s'est montré capable de le contenir et de le supporter. Il peut alors réintrojecter, non seulement l'angoisse originaire, mais une angoisse modifiée parce que contenue. Il introjecte aussi un objet capable de contenir et de négocier l'angoisse. »

« La mère contenante » dont parle Bion est bien présente dans le dispositif mis en place au cours de la thérapie de couple en groupe : le cadre thérapeutique, les thérapeutes, l'autre partenaire et le sujet lui-même. Celui-ci vit

---

1. *L'empathie* est une attitude profondément humaine, d'ouverture et d'accueil, sous-tendue par des valeurs altruistes, au service de la compréhension d'autrui. On doit ce terme d'empathie au psychothérapeute américain Carl Rogers, qui en a donné la définition suivante : « Serai-je capable de comprendre, de l'intérieur, le monde intérieur de cet individu ? Serai-je capable de le voir à travers ses yeux ? Serai-je capable d'être assez sensible pour évoluer à l'intérieur du monde de ses sentiments, pour savoir comment on se sent si on est lui, afin de pouvoir ressentir non seulement les significations superficielles, mais quelques-unes des significations les plus profondes, sans que ma propre identité se dissolve dans ce processus empathique ? »

l'expérience de montrer sa colère, d'en être libéré, de ne pas en ressortir diminué et meurtri, de ne pas craindre qu'il en sera puni. Il est fier et soulagé : il n'a, en aucune façon, blessé l'autre.

Les intersessions servent de temps d'introspection sur le passé, les peurs, les blocages et sur ce qui est émouvant aujourd'hui chez le partenaire, dimension ignorée jusqu'alors. En aucun cas le retour à la maison ne sert de plate-forme de ratiocination et d'escalade. Mais plutôt de nouveaux temps de tendresse et d'échanges respectueux.

Lorsque ces deux étapes : exprimer ses affects et être entendu, ont été franchies et réussies, chacun commence à ressentir l'autre comme le partenaire d'amour qu'il veut.

Nous faisons alors expérimenter aux couples, durant les sessions, comment briser les chaînes qui les retiennent sur les rives du passé familial et mesurer combien ils sont accrochés, sans le savoir, à ces quais anciens. Nous les aidons d'abord à se remémorer les contextes, l'atmosphère du foyer d'origine, les protagonistes et leurs humeurs, les thèmes de prédilection, le ton et les mimiques. Ce remue-ménage mnésique préside à la formulation des slogans réels ou intuitivement compris par les enfants qu'ils étaient : « Les hommes, ça se prend, ça se jette. » « L'amour, c'est bidon ! » « Se marier, c'est comme se pendre ! »...

Le but est d'abord l'élucidation de ces messages anciens dont les hommes et les femmes sont pétris. C'est ensuite la libération individuelle, et la conscience vive dans le cœur et dans le corps, du choix renouvelé du conjoint.

La mise en œuvre est la suivante : les partenaires du couple sont à nouveau l'un en face de l'autre, debout, à distance et les yeux dans les yeux. Ils ont à parcourir la distance qui les sépare, pour se rejoindre et se jeter dans les bras l'un de l'autre. Ils en sont empêchés par les autres participants qui les retiennent physiquement et qui forment « le chœur » de chacune de leurs familles élargies, en criant leurs slogans respectifs : « Reste avec nous ! Le bonheur n'a qu'un temps ! De toute manière tu le regretteras ! Les hommes sont des salauds ! Tu n'es pas douée pour le bonheur… » « Écoute-nous ! Ne t'embarque pas avec elle, elle te fera souffrir ! Les femmes sont volages ! Tu ne fais pas le poids !… »

Souvent les premières tentatives ne réussissent pas et les échecs sont très instructifs. Malgré le temps préalable consacré à ressentir qu'ils se veulent vraiment l'un l'autre, dès le feu vert de départ, ils se battent contre ceux qui les entourent et perdent de vue le but unique : retrouver l'autre, faire couple avec lui. Ils ne mettent pas leur énergie à se regarder droit dans les yeux, et à s'élancer l'un vers l'autre. Les familles, dans leurs aspects scénariques, ont gagné !

Petit à petit, d'expérience en expérience, les conjoints courent l'un vers l'autre, maintiennent la force de leur lien unique par le regard. Ils s'appellent : « Estelle ! », « Renaud ! » et parviennent à investir une énergie farouche à se rejoindre. Les applaudissements, les rires fusent dans le groupe, qui n'hésite pas à s'emparer du couple, pour le soulever de terre avec des cris de joie, comme dans certaines noces.

Dans la suite de ce travail, les conjoints sont de nouveau à distance et face à face. Ils sont invités à vivre deux positions respectives et simultanées dans le couple : Être retenu « par sa famille », ressentir ses peurs, ses résistances à quitter son histoire, sa colère, sa place pitoyable auprès des siens – ce qu'Alice Miller appelle « la fidélité pathétique » – et être encouragé, soutenu par son compagnon qui clame son prénom, les bras ouverts, de manière persuasive et enthousiaste. Les thérapeutes et la partie du groupe qui ne représentent pas sa famille renforcent l'appel. Chacun mesure ainsi ses inhibitions et sa responsabilité personnelle dans l'ensablement du couple. Il peut alors faire le choix d'adopter une autre fidélité. Dans le même temps, celui qui réclame d'être rejoint physiquement « contacte » son aimé(e) dans la prise de conscience de l'intrication du couple et de leurs histoires singulières.

Les conjoints inscrivent dorénavant la primauté de leur couple sur leurs antécédents. Ils se confèrent une identité nouvelle par ce choix déterminé et symbolique : *un nouveau Moi, un nouveau Toi, un nouveau Nous*, qui signent un nouveau Lien. Un premier cycle de l'attachement est réussi. Ils sont capables de proximité physique, émotionnelle et psychique.

Les deuils qu'ils ont maintenant à traverser ensemble, dans le groupe de thérapie, concernent les événements graves, qui ont émaillé le passé du couple. Ces épisodes n'ont pas été « traités » comme ils devaient l'être, mais éludés, minimisés, passés sous silence. Il s'agit des premières relations sexuelles, comme ce fut le cas pour Astrid et Jérôme, de la nuit de noces ratée, de grossesses non désirées ou extorquées, d'avortements imposés ou vécus dans la solitude, d'accouchements compliqués et même catastrophiques, de mort prématurée d'un enfant, d'infidélités et d'adultères, de mensonges pesants, de belle-famille écrasante ou rejetante, de dettes périlleuses, de chômage invalidant…

Les conséquences peuvent en être désastreuses, comme Pierre Charras, dans son roman *Dix-neuf secondes*, le souligne à propos de l'avortement de Sandrine : « C'était injuste, elle le sait bien, mais elle lui en a voulu. Et elle lui en veut encore. Ça n'aurait rien changé car, au fond d'elle, sa décision était prise, elle ne souhaitait pas garder l'enfant. Mais elle aurait tant aimé qu'il le souhaite, lui, qu'elle soit obligée de le convaincre. Et il avait dit : "J'accepterai ta décision, quelle qu'elle soit." C'était pire qu'un refus. Elle pouvait avorter ou ne pas avorter, pour lui c'était pareil. Il s'en fichait. Elle était enceinte de Ponce Pilate. En rentrant de l'hôpital, elle a cru ne plus jamais pouvoir le toucher, lui parler, le regarder. Et, d'une certaine manière, c'est ce qui s'est produit. »

Dans ce livre, Sandrine et son compagnon Gabriel ont négligé les différentes étapes : la prise de décision commune, les modalités concrètes de l'avortement lui-même et les deuils consécutifs à un tel événement de couple. Les retentissements ultérieurs n'ont fait que s'amplifier : « Depuis ce jour-là, chaque problème a aggravé la déchirure et les bons moments n'ont rien raccommodé du tout. »

Au cours de la thérapie, nous engageons les participants à se remémorer les vicissitudes de leur vie de couple, à les revivre avec leur compagnon et nous tous, telles que la mémoire restitue le passé et son cortège de ressentis. Chacun s'adresse à son conjoint. Il procède à la reconstitution des faits et de ce qui l'habitait alors dans l'inexprimable. Les partenaires mesurent l'intensité de ces moments et les séquelles encore présentes aujourd'hui. Leur révolte sur cet aspect intolérable du passé est inévitable. Cette révolte, bien que nécessaire, ne peut pas changer le passé. Alors le spectre de la peur se dresse : et si notre vie à présent devait être affectée à tout jamais de ce que nous venons de mettre à jour ? Même cette croyance effrayante, qui les avait empêchés d'affronter le réel, s'évanouit dans ces séquences renouvelées. Le cœur de chacun s'ouvre à lui-même et à l'autre. Ils pleurent ensemble sur une parcelle de leur existence qu'ils acceptent : « Ce fut ainsi ! »

Dans le déroulement de cette séance ou des suivantes, ils réinventent au présent ce que chacun aurait voulu vivre alors, ce qu'il aurait attendu de l'autre, de son entourage, de sa famille… Ces expériences correctrices remplacent, dans les affects et dans le corps, les aspects douloureux des souvenirs. Les faits du passé demeurent, sans leur cortège de ressentis négatifs, auxquels ils s'accrochaient avec force. Les partenaires conservent précieusement ce présent réinventé, beau et bon.

Le couple se fortifie, se soude davantage, se comprend, échange plus de signes d'affection. Il peut maintenant aborder des retours sur l'enfance de chacun. Des associations spontanées sur les vécus de leurs ancêtres surgissent : maltraitances, alcoolisme, guerres, collaboration, famine, immigration, faillites, suicides, enfants abandonnés, folie, défaillances parentales… Ces résurgences des temps anciens éclairent puissamment les difficultés récurrentes du couple. Les ancêtres, par la voix, le cœur et le corps de leurs descendants, sont « convoqués » dans le groupe. Ils « expriment » à leur tour ce qu'ils ont vécu, leurs révoltes, leurs douleurs, leurs doutes, leurs chagrins… Ils acceptent la confrontation, demandent pardon. Ils expérimentent eux aussi de nouvelles attitudes dont ils peuvent être fiers.

Il s'agit donc dans la thérapie de couple, de deuils intriqués : deuil de l'union chaotique, deuil des multiples aspects du scénario familial et deuil de certaines facettes de la généalogie. Que des changements ou des événements passés aient été heureux ou douloureux, choisis ou subis, leur dire « Adieu » ancre dans le présent. Les couples reconnaissent l'existence de leur passé. Ils décèlent puis expriment leurs pensées, ce qu'ils ont ressenti dans le cœur et le corps. Les émotions manifestées les aident à se réconcilier avec eux-mêmes, dans le manuscrit de leur histoire. Ils acceptent leur passé et s'acceptent dans ce passé. Ils le laissent s'éloigner, les transformer et les enrichir. Par ce processus, leur cœur s'ouvre de plus en plus à la Vie et l'Amour.

En thérapie de couple, une femme et un homme apprennent à se désirer comme alter ego, et non comme père et mère. Ils épousent l'être cher, qu'ils ont choisi, prénommé Charles, Jérôme, Richard, Véronique, Astrid, Camélia… et non la lignée des Delavigne, Larivière, Falandon, Montrachand, Desbois et Gatureau ! Les ajustements accomplis régulièrement façonnent des êtres neufs, qui se réépousent dans le présent. Le couple diffuse à ses enfants des passeports de vie, de réussites, d'amour, de confiance. Les ancêtres, au passage de ces bons héritages, se restaurent dans l'être intime de chacun.

La trajectoire d'un couple sur la cote d'amour peut être dessinée comme une spirale ascendante. Sur la cote d'alerte, chaque crise, si sombre soit-elle à traverser, fortifie les liens amoureux. Ce mouvement entraîne la découverte en chacun, de forces et d'énergies considérables. En guérissant de maux présents ou plus anciens, le couple donne des réponses diverses et successives à cette pseudo-énigme : « Pourquoi Toi, Pourquoi Moi ? »

Camélia et Richard, Jérôme et Astrid, Véronique et Charles, vivaient depuis une, deux, voire trois décennies, des vies conjugales désastreuses. Pouvait-on gager qu'ils obtiendraient aujourd'hui tendresse, épanouissement de la sexualité, fluidité de la communication ? Et pourtant, à ce jour, ils sont ancrés dans un vrai bonheur à deux.

Et vous, lecteur, les histoires racontées dans ce livre vous ont-elles parlé de vous ? Avez-vous mieux compris vos propres rapports à la colère, la jalousie, la bouderie, les aléas de la communication, les vicissitudes de la sexualité, la peur de l'abandon, le refus du conflit ?... Les résolutions des scènes conjugales par les couples présentés vous aident-elles à entrevoir d'autres schémas relationnels avec votre conjoint ?

Vous aussi, à présent, attelez-vous à cette expérience passionnante que la vie vous offre : réussir votre couple !

Bibliographie

Ancelin Schützenberger A., *Aïe, mes aïeux !*, La Méridienne/Desclée de Brouwer, 1999.

Berne E., *Que dites-vous après avoir dit bonjour ?*, Tchou, 1972.

Berne E., *Des jeux et des hommes*, Stock, 1978.

Bion W., *Aux sources de l'expérience*, Puf, 2003.

Bolwby J., *Attachement et perte*, Puf, 1978.

Caselli G., *Jason et la toison d'or*, Casterman, 1991.

Charras P., *Dix-neuf secondes*, Mercure de France, 2003.

Cyrulnick B., *Sous le signe du lien*, Hachette, 1989.

Cyrulnick B., *Un merveilleux malheur*, O. Jacob, 1999.

Euripide, Tragédie, *Médée*.

Freud S., « Le roman familial » in *Névrose, psychose et perversion*, Puf, 1973.

Freud S., *Cinq psychanalyses*, Puf, 1954.

Gaulejac V. de, *L'Histoire en héritage*, Desclée de Brouwer, 1999.

Gianini Belotti E., *Du côté des petites filles*, Éditions des Femmes, 1974.

Giroud F./Lévy B.-H., *Les hommes et les femmes*, Orban, 1993.

Gottman, John M./ Silver, Nan, *Les couples heureux ont leurs secrets*, *Les sept lois de la réussite*, J.-C. Lattès, 2001.

Groddeck G., *Le livre du Ça*, Gallimard, 1963.

Harville Hendrix, Ph. D., *Le Défi du couple*, Modus Vivendi, 1994.

Jacquard A., Conférence donnée à la Sorbonne, 1983.
Jung C. G., *L'Homme et ses symboles*, Laffont, 1965.
Louvigny P. de, *A B C de la mythologie grecque*, Grancher, 1999.
Miller A., *L'Enfant sous terreur*, Aubier, 1986.
Miller A., *Le Drame de l'enfant doué*, Puf, 1983.
Miller A., *La Connaissance interdite. Affronter les blessures de l'enfance dans la thérapie*, Aubier, 1990.
Monson K., *Alma Mahler, Muse de tous les génies*, Buchet-Chastel, 1985.
Montagner H., *L'Attachement, les débuts de la tendresse*, Odile Jacob, 1988.
Ovide, *Les Métamorphoses.*
Olivier C., *Les Enfants de Jocaste*, Denoël/Gonthier, 1980.
Quignard P., *Le Sexe et l'effroi*, Gallimard, 1994.
Revue *Autrement*, « Couples », 1980.
Roudinesco É., *La Famille en désordre*, Fayard, 2002.
Sluckin W./Herbert M./Sluckin A., *Le Lien maternel*, Mandaga, Bruxelles, 1983.
Spitz R., *De la naissance à la parole*, Puf, 1968.
This B., *Le père : acte de naissance*, Seuil, 1980.
Tisseron S., *Secrets de famille. Mode d'emploi*, Ramsay, 1996.
Van Eersel P./Maillard C., *J'ai mal à mes ancêtres*, Albin Michel, 2002.
Vigouroux F., *Le Secret de famille*, Puf, 1993.
Vigouroux F., *Grand-père décédé – Stop – Viens en uniforme*, Puf, 2001.
Viorst J., *Les Renoncements nécessaires*, Laffont, 1988.
Watzlawick P./Helmick Beavin J./Don D. Jackson, *Une logique de la communication*, Seuil, 1972.
Vidal-Graf A. et S., *Mais tu ne m'avais jamais dit ça !*, La communication intime dans le couple, Éd. Jouvence, 2000.
Winnicott D., *De la pédiatrie à la psychanalyse*, Payot, 1969.
Winnicott D., *Jeu et réalité*, Gallimard, 1975.
Zazzo R., Colloque, *L'Attachement*, Delachaux et Niestlé, 1979.
Zorn F., *Mars*, Gallimard, 1988.

Remerciements

Merci à vous tous, qui êtes venus nous rencontrer avec des vécus de détresse et d'impasse dans vos couples, et que nous avons vus repartir la main dans la main.

Merci à toi George, notre ami, avec qui, depuis vingt-cinq ans, nous avons tant échangé à propos des deuils, de l'amour et des couples.

Merci aux hommes que nous avons chéris, qui nous ont aimées, parfois dans l'éphémère et souvent dans la durée.

Merci à Arlette, pour ses rectifications typographiques pertinentes, ses mises en page judicieuses et son indéfectible amitié.

Merci à Isabelle, pour son soutien au long cours, qui nous a aidées à finaliser ce livre.

Pour tous renseignements :
Monique Fradot :
Site internet : www.atamenvi.fr
e-mail : m.fradot@atamenvi.fr
Danièle Chinès :
e-mail : danchines@aol.com

Table des matières

Il est toujours temps… 9
Cote d'amour, cote d'alerte, cote d'amour… 13
Pourquoi Lui, pourquoi Elle ? 21
De l'enfance au couple 61
Des affinités de la rencontre, au dialogue du quotidien 75
Dialogues de sourds 97
Quelques aperçus de montées sur la cote d'alerte 111
Escalade inévitable sur la cote d'alerte :
l'amour passion et la jalousie 135
Scènes conjugales et paix active 155
Corps et cœurs enfin au rendez-vous de l'amour ! 169
Pour guérir 195

Bibliographie 223
Remerciements 225

Ce volume a été composé
par Facompo à Lisieux
et achevé d'imprimer en avril 2005
par Bussière à Saint-Amand-Montrond (Cher)

N° d'Édition : 66101/01 — N° d'Impression : 051842/4
Dépôt légal : mai 2005

Imprimé en France